어린이를 위한
디지털과학
용어사전

어린이를 위한 디지털 과학 용어 사전

글 한세희 · 그림 박선하

팜파스

어린이 친구들에게

얼마 전 제 아내의 생일 때, 우리 아이가 아두이노로 생일 카드를 만들어 준 적이 있답니다. 아두이노가 무엇일까요? 아두이노는 여러 가지 센서나 하드웨어를 붙일 수 있는 전자 회로 기계입니다. 이 회로에 간단한 코딩으로 명령어를 입력하면 센서와 하드웨어를 내 뜻대로 움직일 수 있지요.

아이는 아두이노로 어떤 생일 카드를 만들어 주었을까요? 제 아내의 생일은 1월 29일이랍니다. 아이는 작은 LED 화면에 엄마의 생일 날짜인 숫자 0,1,2,9가 번갈아가며 나타나게 코딩을 했어요. '생일 축하'라는 글자도 나오게 했으면 더 좋았을 텐데, 아마 그렇게까지 할 실력은 아니었나 봐요. 그러나 아이 스스로 코딩해서 엄마의 생일을 축하하는 카드를 만들었다는 것에 저희는 무척 대견스러웠답니다. 세상에 하나밖에 없는 LED 생일 카드를 받고 엄마는 정말 기뻐했지요.

아이가 직접 코딩으로 생일 카드를 만들었듯이, 우리 주변에는 컴퓨터 기술이 쓰이지 않는 것이 거의 없을 정도입니다. 스마트폰도 일종의 컴퓨터이고, 냉장고나 TV에도 작은 컴퓨터가 들어 있습니다. 엘리베이터를 타고 오르내리는 데도 컴퓨터가 쓰이죠. 생활 속 수많은 컴퓨터들을 움직이는 것은 무엇일까요? 바로 바로 소프트웨어랍니다. 소프트웨어를 만드는 일이 바로 코딩이죠. 프로그래밍이라고도 해요.

다시 말해, 코딩을 할 줄 알면, 점점 더 할 수 있는 일이 많아진다는 뜻입니다. 세상을 더 편리하게, 더 재미있게 만들 수 있어요. 당장 생활 속에서 여러분이 할 수 있는 일도 많아져요. 먼지 측정기를 만들어서 방 안에 먼지 농도가 높아지면 공기청정기가 켜지도록 프로그램을 짤 수도 있어요. 재미있는 스마트폰 게임을 직접 만들 수도 있어요. 물론 전문가들이 만든 게임처럼 복잡하고 화려하진 않겠지만, 내 손으로 게임을 만들어 본다면 정말 신나는 일일 거예요. 스스로 생각하고 만드는 모든 과정이 주는 재미는 상상을 초월하거든요.

혹 코딩을 직접 하지 않더라도, 컴퓨터 소프트웨어가 일하는 방식을 이해한다면 우리가 하고 싶은 일을 컴퓨터에 더 효과적으로 시킬 수 있어요.

그런데 우리에게는 이러한 소프트웨어나 코딩은 왠지 어렵고 이해하기 힘든 분야라는 선입견들이 있어요. 특정한 직업을 가진 사람들만 쓰는 기술이라고 생각하지요. 특히 이 분야에서 쓰는 용어가 낯설어 더 그런 인상을 받는 것 같아요. 코딩, 프로그래밍, 가상현실, 프로그래밍 언어, 빅데이터와 같은 말들은 어쩐지 어렵고 배우기 힘들 것처럼 들리지요.

그래서 이 어려운 용어들 때문에 소프트웨어를 필요 이상으로 어렵게 여기고 시작할 엄두를 못 내는 친구들이 많이 있어요. 막상 실제로 해 보면 아주 신나고 재미있는 활동이라는 것을 알 수 있을 텐데 말이지요.

또한 미래에는 컴퓨터 기술이 더욱 중요한 역할을 하게 될 거예요. 미래 세상의 주역이 될 어린이 친구들이 디지털 과학, IT 분야에 대해 좀 더 적극적으로 도전하고 긍정적인 이미지를 갖게 되기를 바라요. 어린이 친구들이 그 무대에서 마음껏 활동하게 되기를 바라는 마음에서 이 책을 시작하게 되었답니다. 어려워 보이는 용어들을 이해하게 되면, 소프트웨어에 대한 막연한 두려움을 떨쳐내고 더 용기 있게 도전해 볼 수 있을 거예요.

더구나 앞으로는 학교에서도 소프트웨어에 대해 배우는 기회가 많아질 거예요. 이 책이 우리가 살아갈 세상을 이해하고 미래를 준비하는 여정에 즐거운 길동무가 되었으면 좋겠어요.

한세희

차례

디지털 어휘력 상승 1단계

지금 우리 곁에 펼쳐진 디지털 세상

디지털 소양을 쌓고
소프트웨어 세계를
생생히 알려 주는 용어들

- 004 ● 어린이 친구들에게
- 016 ● 디지털 네이티브 (Digital Native)
- 018 ● 인터넷 (Internet)
- 022 ● **우리나라 인터넷의 역사를 살펴보기**
- 024 ● 플랫폼 (Platform)
- 027 ● 소셜 네트워크 서비스 (Social Network Service, SNS)
- 030 ● **18억 인구 가상 제국의 왕, 마크 저커버그**
- 032 ● 빅데이터 (Big Data)
- 035 ● 정보 보호 (Information Security)
- 039 ● 온디맨드 (On-Demand) 서비스
- 042 ● 3D 프린터 (3D Printer)
- 045 ● 사물 인터넷 (Internet of Things, IoT)
- 048 ● 가상현실 (Virtual Reality, VR)
- 051 ● 웨어러블 기기 (Wearable Device)

용어를 알면
소프트웨어와 코딩이
더 쉬워져!

프로그래밍,
코딩과 소프트웨어에 대한
용어들

058 ● 소프트웨어 (Software)
061 ● 앱 (App, Mobile Applications)
064 ● 코딩 (Coding)
067 ● 알고리즘 (Algorithm)
071 ● 기계어 (Machine Language)
074 ● 프로그래밍 언어 (Programming Language)
077 ● 운영체제 (Operating System, OS)
080 ● API (Application Programming Interface)
083 ● 사용자 인터페이스 (User Interface, UI)
086 ● 빌 게이츠 vs 스티브 잡스, IT사에 길이 남을
　　　영원한 라이벌이자 친구
090 ● 더 알아 두면 좋을 SW 관련 용어들
092 ● 오픈 소스 소프트웨어 (Open Source Software)

컴퓨터 과학 기술을 배우면 어떤 일을 할 수 있을까?

소프트웨어 교육 및 직업 세계를 알려 주는 용어들

100 ● 컴퓨팅 사고 (Computational Thinking)
104 ● 스크래치 (Scratch)
107 ● 아두이노 (Arduino)
110 ● 우리나라와 세계의 소프트웨어 교육
112 ● 스크래치와 아두이노 말고도 더 배우고 싶다면…
114 ● 메이커 운동이란?
116 ● 서비스 기획자 (Product Manager)
119 ● 소프트웨어 개발자 (Software Developer)
122 ● 데이터 사이언티스트 (Data Scientist)
125 ● 게임 기획자 (Game Designer)
128 ● 정보보호 전문가 (Security Expert)

4차 산업혁명의 시대, 생각하는 기계와 함께 살아가는 미래가 온다

인공지능, 로봇, 뇌 과학, 디지털 미래 세계를 알려 주는 용어들

- 136 ● 4차 산업혁명 (Fourth Industrial Revolution)
- 140 ● 인공지능 (Artificial Intelligence, AI)
- 146 ● 기계학습 (Machine Learning), 딥 러닝 (Deep Learning)
- 150 ● 튜링 테스트
- 152 ● 모라벡의 역설 (Moravec's Paradox)
- 155 ● 강한 인공지능, 약한 인공지능 (Strong AI, Weak AI)
- 158 ● 자율주행 자동차 (Autonomous Vehicle)
- 162 ● 인공지능의 윤리 문제
- 166 ● 드론 (Drone)
- 169 ● 로봇 (Robot)
- 172 ● 로봇과 사람, 일자리의 미래
- 176 ● 두뇌-컴퓨터 인터페이스 (Brain-Computer Interface, BCI)
- 179 ● 컴퓨터 비전 (Computer Vision)

디지털 소양을 쌓고
소프트웨어 세계를
생생히 알려 주는 용어들

디지털 어휘력 상승
1 단계

지금 우리 곁에 펼쳐진
디지털 세상

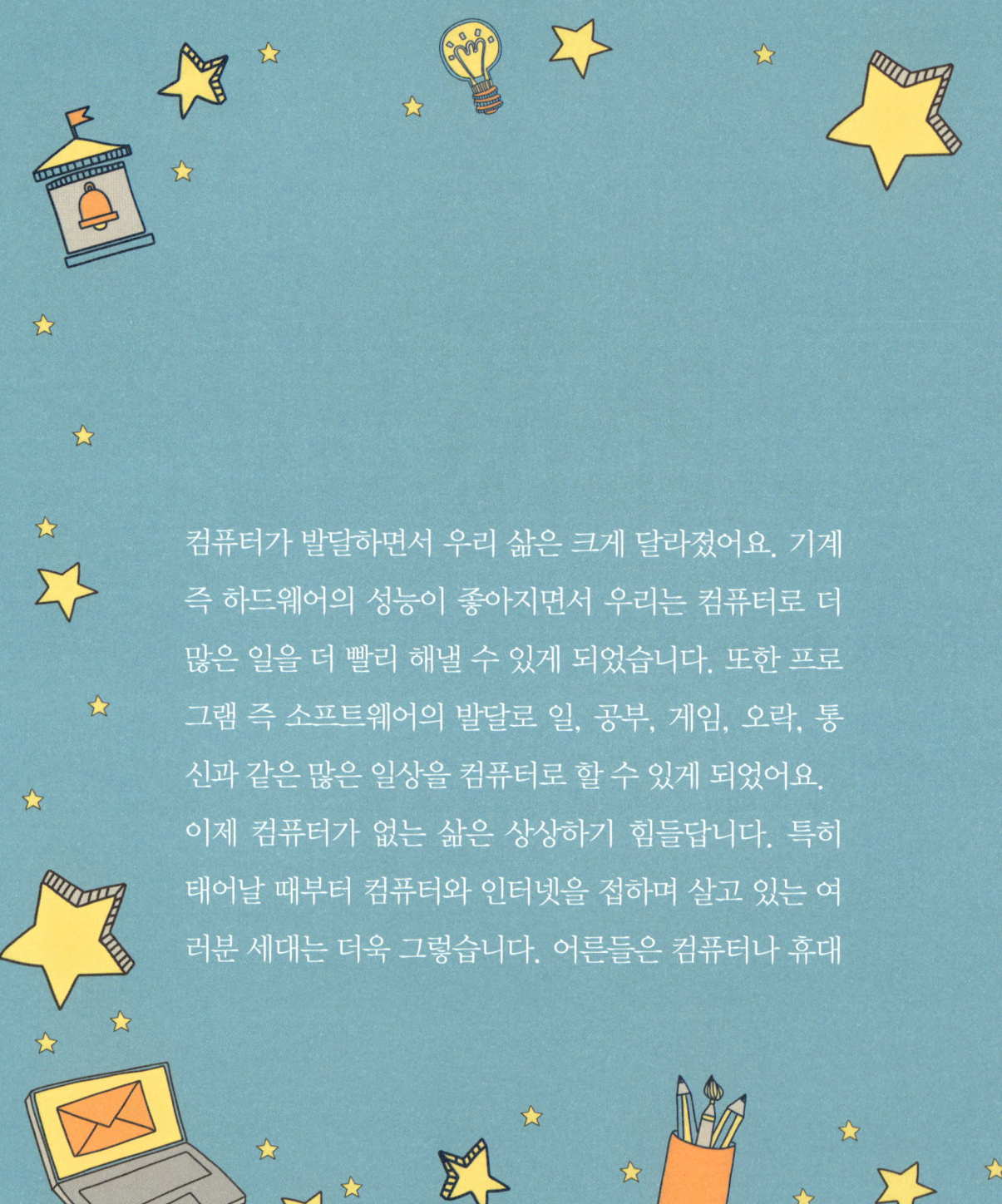

컴퓨터가 발달하면서 우리 삶은 크게 달라졌어요. 기계 즉 하드웨어의 성능이 좋아지면서 우리는 컴퓨터로 더 많은 일을 더 빨리 해낼 수 있게 되었습니다. 또한 프로그램 즉 소프트웨어의 발달로 일, 공부, 게임, 오락, 통신과 같은 많은 일상을 컴퓨터로 할 수 있게 되었어요. 이제 컴퓨터가 없는 삶은 상상하기 힘듭니다. 특히 태어날 때부터 컴퓨터와 인터넷을 접하며 살고 있는 여러분 세대는 더욱 그렇습니다. 어른들은 컴퓨터나 휴대

폰이 없던 시절을 알고 기억하지만, 어린이 친구들은 그런 시절을 겪지 않았지요.

그렇기 때문에 우리를 둘러싼 컴퓨터, 스마트폰, 인터넷, 게임 등이 너무 자연스럽고 당연하게 여겨져요. 그래서 오히려 그게 무엇인지, 어떤 의미가 있는지 생각하지 못하는 일이 많습니다. 이런 이유로 이 장에서는 디지털 시대를 살면서 꼭 알아 두어야 할 용어들을 소개하려 합니다.

디지털 네이티브
Digital Native

1980~90년대 이후에 태어나 컴퓨터와 디지털 기기, 인터넷 등을
자연스럽게 활용하는 세대들을 일컫는 말.

우리는 태어날 때부터 디지털 기기를 쓰고 자랐어

영어 단어 '네이티브(native)'는 한 나라에서 태어나고 자라면서 그 나라의 모든 것이 익숙한 이들을 말해요. 여러분은 한국에서 태어나 한국어를 자연스럽게 배웠고, 한국의 풍습과 문화에 익숙하죠. 반면 미국에서 태어난 아이는 영어와 미국의 사회 문화가 자연스러울 거예요.

디지털 네이티브도 마찬가지랍니다. 디지털 세상일 때 태어나 컴퓨터와 인터넷과 같은 디지털 문화가 자연스러운 사람들을 말해요. 우리나라에 개인용 컴퓨터가 본격적으로 퍼지기 시작한 것이 1980년대예요. 그러니 '그 이후 태어난 사람들'은 나면서부터, 혹은 어려서부터 컴퓨터를 접해 왔겠지요. 2000년대 이후에 태어난 지금 초등학생, 중학생이라면 컴퓨터만이 아니라 인터넷 서비스와 휴대폰, 각종 디지털 기기를 접합니다.

디지털 네이티브들은 컴퓨터와 스마트폰, 인터넷이 없던 시기에 자라난 어른들과는 다른 점이 있습니다. 텔레비전보다는 휴대하기 쉬운 스마트폰으로 영상을 즐겨 봅니다. 자신에게 맞는 디지털 서비스를 직접 찾아보는 것도 쉽게 하지요. 직접 만나 대화하기보다 카카오톡 메시지 등 SNS로 소통하는 일도 많습니다. 이런 모습들은 여러분의 부모님이나 조부모님들은 좀처럼 이해하기 힘들 수도 있지요. 이처럼 디지털 네이티브는 정보를 얻는 법, 사람들과 대화하는 법, 어울려 노는 법 등이 기성세대와는 확연히 다릅니다.

이 디지털 네이티브라는 말은 미국의 교육학자 마크 프렌스키(Marc Prensky)가 2001년에 처음 사용한 말이랍니다. 기성세대와는 여러모로 다른 디지털 세대를 올바로 키우기 위해서는 그들에 대한 이해를 높여야 한다는 의미에서 한 말이죠.

여러분은 앞으로 더 발달된 디지털의 세계를 살아가게 될 거랍니다. 기술의 발달이 워낙 빨라서 앞으로 어떻게 적응할지도 생각해야 해요. 디지털 네이티브들은 단지 주변의 기술을 즐기는 데 그치지 말고, 적극적으로 기술을 활용해 새로운 것을 만들어 낼 수 있어야 해요. 그 방법 중 하나가 바로 소프트웨어 교육과 코딩입니다.

인터넷
Internet

세계의 수많은 컴퓨터들이 연결되어 정보를 주고받을 수 있게 하는 연결 기술.
컴퓨터들의 네트워크.

인터넷은 전 세계의 수많은 컴퓨터들이 연결되어 있는 거대한 통신망을 말해요. 즉, 컴퓨터의 네트워크(Network)를 말합니다. 미리 정한 '공통의 기술적 약속'을 따라 세계의 컴퓨터와 스마트폰들을 통신망(인터넷)으로 연결합니다. 이 망을 거치면서 컴퓨터들에 담긴 다양한 정보들을 주고받게 되지요. 그 결과, 내 컴퓨터만이 아닌 다른 컴퓨터들의 정보도 쉽게 받아 볼 수 있어요. 그래서 인터넷을 흔히 '정보의 바다'라고도 합니다.

우리는 구글에서 궁금한 내용을 검색하거나 유튜브에서 재미있는 동영상을 찾아 볼 수 있지요? 실제로 이것은 우리의 컴퓨터와 스마트폰이 '인터넷을 통해' 구글과 유튜브가 가진 컴퓨터에 접속하면서 해당 내용을 받아 보는 것입니다.

구글이나 유튜브 같은 IT회사는 '서버'라는 특수한 컴퓨터들을 많이 갖고 있답니다. 서버는 수많은 정보를 저장해 두고 각 사용자의 PC와 이 정보를 주고받는 일을 합니다. 서버에는 어떤 정보들이 담겨 있을까요? 바로 구글이 수집한 각종 웹 페이지 정보, 사람들이 유튜브에 올린 수많은 동영상 등입니다. 예를 들어, 우리가 구글 검색창에 검색어를 입력하면 구글은 서버에 담긴 정보들을 재빨리 훑어봅니다. 그런 다음, 인터넷을 통해 우리에게 적절한 검색 결과를 내놓는 것이지요.

www의 탄생, 국방 연구였던 인터넷이 생활 속으로!

인터넷은 1960년대 미국에서 국방 연구로 시작되었어요. 전쟁이 나서 통신망이 망가져도 안정적으로 부대끼리 정보를 주고받을 통신 수단이 필요했기 때문입니다. 아르파넷(ARPANET)이란 이름의 최초 인터넷은 정부와 군대, 일부 대학과 기관에서 연구 목적으로 쓰였습니다.

그러다 1990년대부터 인터넷이 일반인들과 기업에도 퍼지기 시작했어요. 거기에는 월드와이드웹(WWW, World Wide Web)이라는 기술의 보급이 큰 역할을 했지요. 이 월드와이드웹 기술은 1989년 스위스 유럽원자력연구소(CERN)에서 일하던 '팀 버너스-리(Tim Bernars-Lee)'라는 사람이 만들었습니다. 인터넷 주소의 맨 앞에 흔히 붙어 있는 'www'는 바로 이 웹 페이지가 월드와이드웹 형태로 만들어졌다는 뜻입니다.

WWW는 HTML이라는 언어로 작성된 웹 페이지들을 서로 연결시켜 주고, 웹 브라우저(Web Browser) 프로그램으로 웹 페이지들에 접속해 볼 수 있게 하는 기술입니다.

여러분이 실제 인터넷에서 보는 페이지들은 HTML 언어로 만든 페이지입니다. 다시 말해, 웹 페이지 안의 링크를 클릭하면 다른 웹 페이지로 이동할 수 있지요. 이런 방식을 '하이퍼텍스트(Hypertext)' 방식이라고 합니다. 웹 페이지를 보다가 다른 웹 페이지 주소의 하이퍼링크를 누르면 그 페이지로 넘어가 해당 내용을 볼 수 있지요. 이런 식으로 웹 페이지는 무한정으로 연결될 수 있습니다. 이것이 인터넷이 책보다 다양하고 풍성한 정보를 담을 수 있는 이유입니다.

인터넷은 이렇게 수많은 정보 문서들이 거미줄(웹 Web)처럼 얽힌 '가상의 공간'입니다. 이 웹 페이지들을 보는 프로그램은 '인터넷 익스플로러'나 '크롬' 같은 브라우저입니다. 또한 하이퍼텍스트 정보를 빠르게 주고받기 위해 사용하는 기술 규정은 HTTP(Hyper Text Transfer Protocol)입니다.

2000년대에 들어 '초고속 인터넷 망'이 깔리면서 더 많은 사람들이 인터넷을 이용하게 되었습니다. 그 후 스마트폰과 무선 인터넷이 나오면서 우리는 이제 인터넷에 연결된 무선 컴퓨터인 스마트폰을 들고 다니게 되었지요. 이제 우리는 언제 어디서나 전 세계의 정보를 얻을 수 있답니다.

   인터넷으로 우리는 지구 반대편 사람과도 이메일, 메신저로 대화할 수 있어요. 음악이나 영상도 더 편리하게 즐길 수 있습니다. 네이버, 구글 등의 방대한 정보를 쉽게 찾아 주는 '검색 서비스'들은 무척 유용하게 쓰이고 있고요. 스마트폰이 나오며 페이스북 같은 소셜 네트워크 서비스나 카카오톡 같은 메신저의 인기가 높아졌답니다. 인터넷은 이렇게 우리 생활 깊숙이 자리하고 영향력을 발휘합니다.

우리나라 인터넷의 역사를 살펴보기

삐익, 삐익~.

'데이터가 접속되었음'을 알리는 기계음이 울렸습니다. 서울과 구미의 연구실에 있던 연구자들은 환호성을 질렀습니다.

1982년 우리나라에서 처음 인터넷 접속이 이뤄진 순간입니다. 경상북도 구미에 있던 한국전자기술연구소(KIET)와 서울대학교 컴퓨터공학과에 있던 두 대의 컴퓨터가 인터넷 주소를 할당받아 서로 데이터를 주고받았습니다.

이것은 인터넷 접속을 위한 표준 기술인 TCP/IP를 통한 첫 접속이었습니다. 놀랍게도 미국에 이어 세계 두 번째, 아시아에서는 처음이었습니다. 일본과 미국에서 연구하던 전길남 박사가 당시 우리나라의 인터넷 연구를 이끌었습니다. 우리나라 인터넷의 아버지는 전길남 박사인 셈이지요.

당시 인터넷 속도는 1초에 150 글자를 주고받을 정도였습니다. 1986년에는 PC 통신 서비스 '천리안'이 생겨납니다. 1994년에는 학교나 연구소의 연구자가 아니라 일반 사람들도 인터넷을 쓸 수 있게 됩니다.

1998년에는 초고속 인터넷 서비스가 시작되었습니다. 2002년에는 초고속 인터넷이 보급된 가정이 1000만 가구를 넘었어요.

전길남 박사

한국은 그때부터 이미 세계에서 인터넷 망이 가장 잘 갖춰진 나라로 인정받았습니다. 그리고 지금은 세계에서 무선 통신망이 가장 잘되어 있는 나라지요. 이렇게 발달한 인터넷은 우리의 삶을 변화시켰습니다.

네이버 같은 포털 사이트를 통해 언제든 정보를 찾고 활용할 수 있게 되었습니다. 은행에 가지 않아도 집에서 인터넷으로 은행 일을 볼 수 있습니다. 동사무소에 가지 않고도 집에서 등본을 뗄 수도 있지요. 그림을 잘 그리는 사람들은 출판사를 통하지 않고도 웹툰으로 독자들을 만날 수 있게 되었습니다. 게임도 여러 사람과 웹에서 함께하는 온라인 게임이 대세가 되었지요. 또 좋은 선생님들의 강의를 언제 어디서나 인터넷 강의로 들을 수 있게 되었어요.

앞으로 웨어러블(Wearable) 기기와 사물 인터넷이 널리 쓰이면 이 기기들 간의 통신을 맡을 인터넷의 중요성은 더 커질 것입니다.

플랫폼
Platform

제품이나 서비스를 '공급하는 사람'과 이것을 '사는 사람'들을
인터넷상에서 만나게 해 주는 '모임의 장(場).'

요즘 뉴스 기사를 자주 본다면 '플랫폼'이라는 말을 본 적이 있을 거예요. "구글은 플랫폼 사업자다.", "단순한 서비스가 아니라 플랫폼을 만들어야 한다." 이런 말들요.

플랫폼은 디지털 기술의 특징을 활용해 여러 사용자들이 이익을 얻도록 만든 '가상의 장터'라고 할 수 있어요.

만일 여러분이 '장난감을 파는 온라인 쇼핑몰'을 열었다고 생각해 보아요. 여러분은 실제 장난감을 만들거나, 싼 값에 구해 와서 온라인 쇼핑 사이트에 팔기 위해 장난감 정보를 올립니다. 그러면 소비자는 여러분의 쇼핑 사이트에 들어와서 장난감 정보를 보고 마음에 든다면 구입할 것입니다.

그런데 생긴 지 얼마 안 된 나의 쇼핑몰을 알리기는 쉽지 않아요. 그럴 때는 G마켓이나 11번가 같은 온라인 장터를 이용할 수 있어요. G마켓 같은 온라인 장터에는 여러 온라인 쇼핑몰들이 하나의 온라인 공간에 입점해 있습니다. 소비자들은 온라인 장터에 들어가기만 하면 다양한 온라인 쇼핑몰이 한눈에 보이며, 다양한 물건과 가격을 비교해 볼 수 있어요. 그래서 이런 온라인 장터에는 굉장히 많은 사람들이 들어옵니다. 그렇기 때문에 나도 많은 손님을 만나 물건을 더 팔 수 있게 됩니다. 사는 사람과 파는 사람 모두 이득을 얻는 셈이에요.

그 대신 물건을 파는 사람은 이익의 일부를 온라인 장터에게 나누어 줍니다. 온라인 장터는 자신들이 물건을 직접 팔지는 않지만, 물건을 사고 팔려는 수많은 사람들이 만나는 장(場)을 마련해 줍니다. 그리고 그 대가로 돈을 법니다. 이 가상의 온라인 장터를 '플랫폼'이라고 부릅니다.

본디 플랫폼이란 역에서 사람들이 기차나 지하철을 타고 내리는 승강장을 말합니다. 플랫폼에는 사람들이 모여듭니다. 그래서 플랫폼에는 여행객들을 위해 간식과 신문을 파는 매점이나 인근 여행 정보를 알려 주는 안내 센터를 둘 수 있습니다. 기차를 타고 내리기 위해 만든 플랫폼이지만, 오가는 사람들을 위해 여기서 새로운 가치를 만들 수 있는 것이죠.

인터넷은 이러한 플랫폼을 만들기에 아주 좋은 가상 공간입니다. 시간과 공간의 제약을 받지 않고 여러 사람이 한꺼번에 쓸 수 있기 때문입니다.

소셜 네트워크 서비스
Social Network Service, SNS

인터넷상에서 친구를 사귀고 교류해 나갈 수 있게 하는 사회 관계망 서비스.

 소셜 네트워크 서비스(SNS) 혹은 소셜 미디어는 인터넷에서 다른 사람들과 친구 관계를 맺고, 이 관계를 중심으로 정보와 소식 등을 나누는 서비스를 말합니다.

 인터넷은 원래 과학자들이 정보를 교환하려 만들었답니다. 인터넷 초기에 '유스넷'이라는 게시판, 이메일이 널리 쓰이며 사람들의 소통을 도왔지요. 이후 많은 사람들이 인터넷을 쓰게 되면서 웹에 수많은 정보들이 쌓여 갔습니다. 그 결과, 이 정보를 효율적으로 찾아 주는 검색이나, 정보를 정리해 주는 포털의 역할이 매우 중요해졌습니다. 바로 네이버나 구글 같은 서비스들이죠. 이때부터 인터넷은 '정보'를 중심으로 흘러갑니다.

그러다가 인간관계를 돕는 인터넷 서비스들이 나오기 시작했어요. 사용자가 다른 사용자와 친구가 되어 어울리게끔 돕는 서비스들이지요. 물론 실제 세상이 아닌 온라인 세상에서요. 어떻게 가능할까요? 내 소식을 담은 글과 사진을 온라인상에 올립니다. 그러면 나와 친구를 맺은 사용자가 내 글과 사진을 보고 댓글을 달거나, 추천을 누르거나, 공유합니다. 그렇게 인터넷상에서 친구 관계를 맺고 교류하는 거지요.

세계 최초의 소셜 네트워크 서비스(SNS)는 1999년에 나온 우리나라의 싸이월드랍니다. 싸이월드의 '미니홈피' 서비스는 다른 사용자와 1촌을 맺을 수 있습니다. 그러면 1촌이 된 사람의 미니홈피에 가서 1촌에게만 허락된 사진과 글을 볼 수 있지요. 방명록도 남길 수 있습니다. 사이버 머니인 '도토리'로 미니홈피 스킨이나 배경 음악을 사고 다른 사람에게 선물하기도 했어요. 하지만 스마트폰 시대가 되면서 컴퓨터로 하던 싸이월드는 사용자가 많이 줄었어요.

SNS 서비스 가운데 대표 주자로는 페이스북(Facebook)이 있어요. 전 세계에 사용자가 18억 명에 이릅니다. 우리나라에서도 카카오스토리(Kakaostory)를 제치고 가장 많이 쓰는 소셜 네트워크가 되었습니다. 페이스북에 접속하면 내 친구들이 올린 사진과 글을 보고, 친구 사진에 '좋아요'를 누르거나 댓글을 달 수 있습니다. 네이버와 같은 포털은 모든 사람이 같은 첫 화면을 보지만, 페이스북은 첫 화면이 사람마다 제각각입니다. 사람마다 친구들이 다르기 때문입니다. 맞춤형 인터넷인 셈이지요.

그 외에 사진을 공유하는 인스타그램, 140자의 짧은 글로 소통하는 트위터, 카카오에서 나온 카카오스토리 등도 대표적인 소셜 네트워크 서비스입니다.

소셜 네트워크는 친구들과 교류하며 소식과 정보를 공유하기 때문에 내 관심사에 맞는 정보를 얻을 가능성이 큽니다. 또한 친구를 맺는 방식도 간편합니다. 그래서 방대한 관계를 만들 수도 있지요. 이제 소셜 네트워크는 주요 언론보다 더 영향력이 커지고 있습니다. 사람들이 뉴스를 신문이나 방송이 아니라 페이스북이나 트위터에서 보기 때문이죠.

반면 이러한 특성으로 인해 자기 뜻에 맞는 정보만 편식하기도 쉽습니다. 또한 페이스북에 자기 사진이나 위치 등을 무분별하게 올리다 개인 정보가 노출되거나 사생활을 침해당하는 일도 생겨납니다. 그러니 이 소셜 네트워크 서비스의 장단점을 잘 알아서 슬기롭게 사용해야 한답니다.

18억 인구 가상 제국의 왕, 마크 저커버그

페이스북은 세계 최대의 소셜 네트워크 서비스입니다. 한 달에 한 번 이상 페이스북을 방문하는 사람은 18억 명에 이릅니다. 세계 인구의 약 4분의 1 정도가 페이스북 안에서 서로 연결되어 있습니다. 페이스북의 CEO 마크 저커버그는 세계에서 가장 많은 사람이 모인 집단의 지도자인 셈이지요.

마크 저커버그는 미국 하버드대학교에 다니던 2004년에 페이스북을 만들었습니다. 처음에는 인터넷에 하버드 대학생들이 사진이나 짧은 글을 올려 보는 간단한 커뮤니티였습니다. 하지만 이것이 학생들에게 폭발적인 인기를 얻으며 주변 학교로 퍼져 나갔습니다. 그리고 2006년에는 모든 사람이 페이스북에 접속할 수 있게 되었지요. 페이스북이 설립된 지 10여 년 만에 사용자 수가 18억 명에 이를 정도로 규모가 커졌지요.

마크 저커버그는 어려서부터 컴퓨터를 좋아했습니다. 치과 의사인 아버지의 진료실과 집을 연결해 가족이 채팅할 수 있는 프로그램을 만들기도 했어요. MP3 음악을 컴퓨터에

마크 저커버그

서 듣는 프로그램도 만들었는데, 마이크로소프트 같은 큰 회사에서 이것을 사겠다는 제안이 올 정도였다고 합니다. 대학 시절에는 교내 전산망을 해킹해 여학생 사진을 무작위로 2개 띄우고 누가 더 맘에 드는지를 고르는 사이트를 만들었다가 처벌받기도 했습니다.

이렇듯 마크 저커버그는 어려서부터 컴퓨터를 좋아하고, 소프트웨어로 자신이 만들고 싶은 것을 직접 만들었어요. 부모님이 그의 재능을 알아보고 프로그래밍 선생님을 따로 두기도 했습니다. 이렇게 프로그램을 만드는 재미에 빠져들던 그가 페이스북을 만들어 낸 것은 결코 우연이 아니겠지요?

마크 저커버그는 자신과 아내의 이름을 딴 재단을 만들어 세계의 질병을 추방하고 가난한 나라의 어린이들을 돕는 일을 하고 있답니다.

빅데이터
Big Data

디지털 환경(인터넷, 소셜 네트워크 서비스와 스마트폰 등)에서 쏟아져 나오는 방대하고도 다양한 형태의 데이터.

데이터는 어떤 행동이나 판단의 근거가 되는 자료와 정보를 말합니다. 컴퓨터가 발달하며 우리는 많은 데이터를 이용할 수 있게 되었습니다. 예를 들어, 선생님들은 학생들의 출결과 성적을 컴퓨터로 입력하고 확인할 수 있습니다. 기업에서는 판매량, 손익 등 자료를 저장해 상황을 분석하고 사업의 계획을 세웁니다. 이렇게 데이터를 컴퓨터로 다루게 되면서 이것을 활용하는 기술 또한 발전해 왔습니다.

그러다 우리 생활 곳곳이 디지털 환경이 되어 가면서 예전과는 비교할 수 없을 만큼 다양한 정보들이 만들어지게 되었습니다. 게다가 양도 폭발적으로 늘어났지요.

이처럼 기존의 기술로는 처리하기 힘들 정도로 늘어난 다양한 데이터를 '빅데이터(Big Data)'라고 부릅니다.

바야흐로 빅데이터 시대가 열렸다고 합니다. 산업 시장에서 빅데이터로 활용할 가치가 아주 많기 때문입니다. 빅데이터 시대가 열리게 된 것은 소셜 네트워크 서비스가 인기를 얻고 스마트폰이 널리 쓰였기 때문입니다.

사람들은 스마트폰으로 수시로 카카오톡을 주고받으며 페이스북에 글과 사진을 올립니다. 그러면 그 정보들을 보고 사람들이 어느 회사, 어느 상품, 어느 연예인에 '좋아요'를 눌렀는지, 댓글은 호의적인지 부정적인지 등을 분석할 수 있습니다. 스마트폰에서 나오는 위치 정보는 사람들이 언제 어디로 이동하는지 기록을 남깁니다. 온라인 쇼핑몰에서 물건을 산 데이터는 사람들이 언제 어떤 물건들을 많이 사는지 알려 줍니다.

이것들은 과거에는 얻을 수 없던 데이터입니다. 물론 데이터만 보면 아무리 많아도 의미를 발견할 수 없습니다. 산더미처럼 쌓인 데이터를 잘 분류하고, 해석해야만 그 속에서 의미를 찾아낼 수 있습니다.

이 많은 데이터를 잘 분석하면 사람들이 어떻게 행동하는지를 파악하고 앞으로 어떻게 행동할지 예측할 수 있습니다. 어떤 상품을 언제 누구에게 추천해야 더 잘 팔릴지도 예상할 수 있지요. 세계 각지의 사람들이 구글에서 검색한 검색 키워드를 분석하면 언제 어느 지역에 독감이 유행할지도 예측할 수 있어요. 사람들이 버스 카드를 찍는 행동의 데이터를 분석해 버스 배차를 늘릴지 줄일지를 잘 판단할 수 있습니다.

　빅데이터는 인공지능의 발달에도 큰 역할을 합니다. 인공지능은 데이터를 충분히 학습해야 제대로 작동하기 때문입니다. 스마트폰과 SNS가 널리 쓰이며 데이터가 폭발적으로 쏟아져 나오고 있지요. 이것은 딥러닝(Deep Learning)과 같은 인공지능 기술을 더 빠르게 발전시켜 줍니다.

정보 보호
Information Security

컴퓨터나 인터넷에 대한 불법적인 외부 공격을 막아
정보와 기능을 지키는 활동.

오늘날의 컴퓨터는 대부분 인터넷으로 연결되어 있습니다. 덕분에 인터넷으로 많은 정보를 쉽게 찾아볼 수 있습니다. 다른 사람과 게임을 하기도 하고, 온라인 쇼핑으로 물건을 사거나 은행 업무를 볼 수도 있습니다. 인터넷이 있어 매우 편리하게 살게 되었지요.

하지만 컴퓨터들이 서로 연결되다 보니, 다른 사람이 나의 컴퓨터에 침입하거나, 내가 다른 사람의 메시지를 훔쳐볼 수도 있어요. 만일 모든 집들이 서로 연결되어 있다면 어디든 자유롭게 다닐 수 있지만, 우리 집에 모르는 사람이 몰래 들어올 수도 있는 거지요. 이렇게 다른 사람의 컴퓨터나 네트워크에 몰래 침입하는 것을 '해킹(Hacking)'이라고 합니다.

해킹과 같은 위험을 막는 일을 '정보 보호'라고 합니다. 예를 들어, 온라인 쇼핑몰에서 물건을 신용카드로 결제할 때 금융 정보가 새어 나간다면 금융 피해 등을 입을 수 있어요. 또한 기업의 중요한 사항을 이메일로 주고받을 때 외부에서 그걸 훔쳐보면 큰 피해가 생길 수 있습니다. 혹은 아이디와 비밀번호를 해킹 당해 게임 아이템을 빼앗기는 일도 일어나지요.

정보 보호의 가장 중요한 요소 중 하나는 '암호'입니다. 데이터를 암호로 만들어서 중간에 다른 사람이 데이터를 가로채도 무슨 내용인지 알지 못하도록 하는 것입니다. 데이터를 받은 사람은 암호를 푸는 '복호화(Decryption)'를 거쳐 원래 메시지를 봅니다. 이때 암호를 최대한 복잡하게 만들어 푸는 시간을 오래 걸리게 하고, 암호를 푸는 열쇠를 남이 모르도록 지키는 것이 중요합니다.

암호를 만들고 푸는 데는 수학이 중요한 역할을 합니다. 2차 세계대전 때는 적국의 암호를 해독하기 위해 암호 연구가 크게 발전했습니다. 컴퓨터의 원리를 구상한 영국의 수학자 앨런 튜링(Alan Turing)도 그때 독일군의 암호를 해독하는 일을 했답니다.

이처럼 정보를 가로채는 공격 말고도 인터넷을 아예 못 쓰게 만드는 공격도 있답

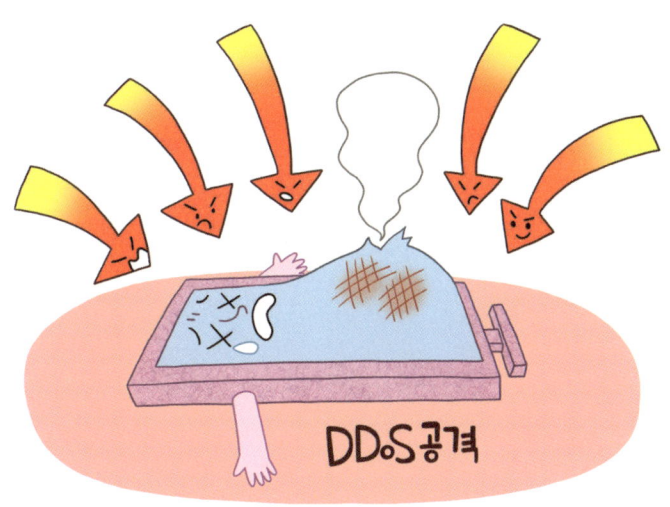

니다. 분산 서비스 거부 공격, 일명 디도스(Distributed Denial of Service, DDoS)입니다. 어떤 서버에 지속적으로 많은 데이터를 일부러 보내는 공격입니다. 서버는 정보를 받아 저장하는 컴퓨터입니다. 그런데 너무 많은 정보를 계속해서 받게 되면 서버가 일을 제대로 처리하지 못하겠지요. 그러면 결국 아무도 그 인터넷 서비스를 이용할 수 없게 되는 것이죠.

그럼 우리의 정보를 보호하기 위해서 어떻게 해야 할까요? 우선 비밀번호는 영문과 숫자, 특수 문자 등을 섞어 되도록 길게 만드는 게 좋아요. 그래야 해킹을 하는 해커들이 쉽게 비밀번호를 추측하지 못한답니다. 귀찮다고 생일 날짜나 '1234'니 'abcd' 같이 단순한 비밀번호를 만들면 곤란해요.

또 컴퓨터나 스마트폰 업데이트는 수시로 하는 것이 좋습니다. 해킹 공격을 완벽하게 막을 수는 없겠지만, 업데이트를 꾸준히 하면 약점을 보완하고 감염 위험을 줄일 수 있습니다.

  또한 출처가 분명하지 않은 파일이나 앱은 다운로드하지 말아야 합니다. 컴퓨터에 해를 끼치는 악성코드가 들어 있을 수 있답니다. 악성코드에 컴퓨터가 감염되면 개인 정보가 유출될 수 있어요. 게다가 자기도 모르게 다른 컴퓨터에 DDoS 공격을 하는 '좀비 PC'가 될 수 있어요.

온디맨드 서비스
On-Demand

사용자에게 어떤 물건이나 서비스가 필요할 때,
스마트폰 등을 이용해 즉시 그 필요한 것을 채워 주는 서비스.

온디맨드(On-Demand)란 말은 사람이 필요한 순간에 딱 맞춰 필요한 것을 준다는 의미입니다.

예를 들어, 텔레비전은 방송국 스케줄에 따라 방송을 합니다. 시청자는 방송국이 보내는 프로그램을 '보거나, 보지 않는' 두 가지 선택만 할 수 있습니다. 그런데 우리가 요즘 많이 이용하는 IPTV의 경우, 집에서 '보고 싶은 프로그램'을 '원하는 때' '골라서' 볼 수 있습니다. 인터넷 통신사에서 미리 방송 프로그램을 디지털 형태로 저장해 두었다가 시청자가 원할 때 TV로 전송해서 방송을 보여 주는 것이죠. 이런 방송을 온디맨드 방송이라고 합니다.

<u>스마트폰이 보급되면서 더 많은 일들을 '온디맨드 방식'으로 할 수 있게 되었습니다. 스마트폰으로 필요할 때 즉각 서비스를 받는 것이지요.</u> 스마트폰은 항상 들고 다니는 물건이기 때문에 이런 일들이 가능해졌습니다. 택시를 예로 들어 볼까요? 택시를 잡을 때 우리는 보통 밖에 나가 빈 택시가 지나가기를 기다립니다. 만약 택시를 타려는 사람이 많거나 차가 잘 안 다닌다면 택시 잡기가 힘들지요. 반대로 택시 기사는 승객을 태우기 위해 하염없이 돌아다녀야 하고요.

그런데 택시가 필요한 사람을 택시와 바로 연결해 주는 스마트폰 앱들이 나왔어요. 미국에서 널리 쓰이는 '우버(Uber)'가 대표적인 예입니다. 스마트폰 앱으로 택시를 부르면 가장 가까운 곳에 있는 택시가 배정되어 손님에게 옵니다. 필요할 때 바로 오는 '온디맨드 택시'입니다.

이 온디맨드 방식으로 손님은 택시를 오래 기다리지 않아도 되고, 기사는 손님을 더 빨리 찾게 되었습니다. 앱으로 택시를 부를 때 이미 목적지를 입력하기 때문에 손님이 목적지를 설명할 필요도 없습니다. 이제 우버는 대중교통을 혁신할 기업으로 주목받고 있습니다.

온디맨드 서비스의 범위는 점점 넓어지고 있습니다. 대표적으로 음식 배달 서비스가 있습니다. '배달의민족'이나 '요기요' 같은 앱을 이용하면 배달업체를 따로 알아보지 않아도, 근처 식당들을 비교해 바로 주문하고 결제할 수 있습니다. 그 외에도 앱을 이용해 세탁물을 가져다 세탁해 주거나, 대신 장을 봐 주거나, 세차를 해 주는 서비스도 있습니다. 거의 모든 일상이 온디맨드 서비스로 되어 가고 있답니다.

3D 프린터
3D Printer

3차원의 입체 사물을 만들어 내는 기계.

    3D 프린터는 입체로 된 물건을 만드는 기계입니다. 흔히 프린터라고 하면 평면 종이 위에 글자와 그림을 인쇄하는 기기입니다. 잉크젯 프린터는 헤드가 종이 위에서 움직이며 잉크를 뿜어 글자와 그림을 찍어 내지요. 반면 <u>3D 프린터는 가로와 세로뿐 아니라 위아래로도 움직이며 물체를 만들어 냅니다. 그리고 잉크 대신 특수한 소재를 뿜어내지요.</u>

보통 3D 프린터는 가루나 실 모양의 특수한 화학 소재를 녹여 얇은 실처럼 뽑아냅니다. 그리고 모양에 맞춰 그 실을 쌓아가며 물건을 만듭니다. 설계도에 따라 빛을 받으면 굳는 액체 상태의 플라스틱이 층층이 쌓여 갑니다. 이렇게 수만 개의 층을 쌓아 올려 입체적인 물건을 프린트합니다.

3D 프린터는 80년대에 3D시스템즈(3D Systems)라는 미국 회사가 처음 만들었습니다. 당시에는 편리하긴 하지만 장비나 소재가 너무 비싸고 제조 시간도 오래 걸려 널리 보급되지 못했지요. 하지만 이 회사의 특허가 만료되고 장비 가격도 내려가면서 많은 사람들이 이용하게 되었습니다.

그렇다면 이 3D 프린터를 어떤 경우에 쓸까요? 3D 프린터는 정식 제품을 만들기 전에 공장이나 실험실에서 시범 제품을 만들 때 유용합니다. 시제품 1~2개를 만들기 위해 공장 시설을 돌리면 비용이 너무 많이 듭니다. 이럴 때 3D 프린터를 쓰면 쉽게 시제품을 만들어 문제점을 고칠 수 있습니다.

그래서 3D 프린터는 기업이나 연구소에서 많이 쓰입니다. 자동차나 비행기 공장에서 3D 프린터로 부품을 만들면 필요할 때 가져다 쓸 수 있어요. 의학계는 사람의 뼈나 장기를 3D 프린터로 만드는 연구를 합니다. 공장에서 생산되는 제품보다 훨씬 더 환자의 몸에 잘 맞는 인공 뼈나 장기를 만들 수 있습니다.

예전에는 생산과 제조를 주로 대형 공장이 담당했습니다. 그렇게 하면 일의 효율성은 높지만 개개인이 직접 물건을 만들기는 어려웠지요. 그러다 보니, 사람들은 공장에서 만드는 상품만 이용할 수밖에 없었습니다. 그러나 이제는 일반 사람들도 3D 프린터를 이용해서 쉽게 원하는 물건을 만들 수 있게 되었습니다. 설계만 한다면 자신에게 맞는 물건을 적은 가격으로 필요한 만큼, 만들 수 있는 것입니다. 공장 시설이 없어도 스스로 구상한 물건을 만들 수 있게 되었습니다.

  이렇게 만든 자기만의 상품을 팔아 돈을 버는 사람들도 있답니다. 독특한 디자인의 액세서리나 아이디어 전자 제품을 만들어 SNS로 홍보해 사람들에게 파는 것이죠. 이처럼 3D 프린터는 자신이 원하는 물건을 더 편리하고 자유롭게 만들 수 있도록 도와준답니다.

사물 인터넷
Internet of Things, IoT

다양한 사물이 인터넷에 연결되어 서로 정보를 주고받게 하는 기술. 실제 현실의 물건에 디지털 기술을 접목해 삶을 더 편리하게 할 수 있다.

인터넷은 세계의 수많은 컴퓨터들이 연결된 거대한 네트워크입니다. 그런데 만약 컴퓨터가 아닌 보통 사물들도 인터넷에 연결되면 어떻게 될까요? 주변 사물들에 센서가 달려, 그 센서로 주변 환경의 상황을 파악하고, 그렇게 얻은 데이터를 다른 사물이나 컴퓨터와 공유한다면요?

사물 인터넷(Internet of Things, IoT)은 사물들을 인터넷으로 연결해 데이터를 주고받는 환경이나 그에 관련된 기술을 말합니다. 집의 냉장고나 보일러, 거리의 가로등과 자동차, 공장의 기계나 창고의 선반 등 모든 사물이 인터넷의 대상이 됩니다.

만약에 도로의 가로등에 달린 먼지 센서가 미세먼지 농도를 측정한다면 어떨까요? 그래서 공기가 안 좋은 날에는 그 측정 농도를 우리 집 공기청정기에 알려 주면요? 이뿐만이 아니에요. 냉장고 속 식재료가 떨어지면 자동으로 주문하는 일도 가능해집니다. 놀이공원 디즈니랜드에서는 곳곳에 있는 미키 마우스 인형에 센서를 달아 정보를 모아요. 어느 놀이기구의 줄이 짧은지, 날씨는 어떤지 등을 관람객들에게 알려 주지요.

자율주행 자동차들은 도로 위에서 서로 신호를 주고받는답니다. 그래서 자동차끼리 안전거리를 유지하며 달리게 됩니다. 졸음운전, 급정거 등 사람이 운전할 때 일어나는 실수들이 없어져서 교통 체증은 줄어듭니다.

이 사물 인터넷이 잘 이루어지는 데는 몇 가지 조건이 필요합니다. 우선 수많은 사물들을 인터넷으로 연결할 수 있는 통신망이 갖춰져야 해요. 지금은 컴퓨터와 전화, 스마트폰만 통신망에 연결됩니다. 앞으로 더 빠르고 안정적인 통신망이 준비되어야 사물들이 실시간으로 정보를 주고받을 수 있겠지요. 사물들이 서로 실수 없이 소통하기 위한 표준 기술도 필요합니다.

게다가 사물 인터넷에서는 엄청난 양의 빅데이터가 생겨날 거예요. 이 빅데이터를 분석하고 활용하는 기술도 중요해질 거랍니다.

또한 보안 기술도 중요합니다. 사물 인터넷의 보안이 잘되지 않으면 어떤 일이 일어날까요? 누군가 도로 교통 시스템을 해킹해 자동차들의 주행을 방해하면 큰일입니다. 외부에서 우리 집의 사물 인터넷 망에 침입해 집안 온도를 마음대로 높이거나 낮추는 일도 생길 수 있습니다.

　사물 인터넷은 이제 막 시작 단계입니다. 앞으로 우리가 사는 세상의 모든 것이 인터넷으로 연결되어 더 스마트한 세상이 다가오리란 기대가 큽니다.

가상현실
Virtual Reality, VR

컴퓨터로 가상의 환경을 만들어 사용자가
마치 실제로 그 안에 있는 것처럼 느끼게 하는 기술, 혹은 그런 환경.

가상현실(Virtual Reality)이란 말 그대로 현실이 아니지만 마치 실제와 같은 환경을 말합니다. 보통 컴퓨터 소프트웨어로 가상의 환경을 꾸미고, 그 안에서 사람은 실제 세계 속에 있는 것처럼 주변 환경과 소통합니다.

혹시 마인크래프트나 메이플스토리 같은 게임을 할 때 마치 게임 속 세상에 들어간 것처럼 느낀 적이 있나요? 그리고 거기서 다른 플레이어들과 대화도 하고요. 그런 점에서 이 온라인 게임도 '넓은 의미의 가상현실'입니다.

하지만 보통 가상현실이라고 하면 머리에 '헤드마운트 기기(Head Mounted Display, HMD)'를 쓰고 체험하는 기술을 말합니다. 이 기기를 쓰면 외부와 차단되어 완전히 컴퓨터가 만든 세상이 보여집니다. 사용자가 시선을 돌리거나 움직이면 눈앞에 그려진 가상현실도 함께 움직이며 변합니다.

이 가상현실은 게임과 영상 분야에 큰 변화를 일으킬 것입니다. 마인크래프트 게임에서 마우스와 키보드로 집을 짓는 게 아니라 실제로 손과 발을 움직여 가상현실에 집을 지으면 어떨까요? 총쏘기 게임 안에 들어가 직접 움직이며, 정말 싸움터 한복판에 있는 것처럼 게임을 할 수도 있어요.

교육이나 여행도 바뀝니다. 학교에서 이집트 피라미드에 대해 배운다고 생각해 봅시다. 지금은 책과 사진으로만 보고 배웁니다. 하지만 피라미드의 내부와 외부를 촬영해 만든 가상현실 안에 들어간다면 어떨까요? 피라미드의 구석구석을 현장에 있는 것처럼 느낄 수 있습니다. 여행도 마찬가지입니다. 실제로 가지 않고도 남태평양의 아름다운 바닷가를 보고 느낄 수 있게 됩니다.

의대생들은 가상현실의 수술실에서 실습을 할 수 있고, 군인은 실제 상황처럼 훈련을 할 수 있습니다.

가상현실과 비슷한 것으로 증강현실(AR)이 있습니다. 가상현실이 현실과 완전히 분리된 세상이라면 증강현실은 현실 세계에 디지털 정보를 덧입혀 보여 줍니다. 예를 들어, 실제 유적지를 스마트폰 카메라로 비추면 그 유적에 관련된 정보와 이미지가 스마트폰 화면에 덧붙어 떠오릅니다. 그러면 훨씬 즐겁고 유익한 여행이 되겠죠.

구글, 페이스북, 삼성전자 등 세계적인 IT 기업들이 가상현실 기기를 적극적으로 개발하고 있습니다. 미래에는 가상현실에서 사람들이 많은 시간을 보낼 것으로 예상하기 때문입니다.

웨어러블 기기
Wearable Device

마치 옷을 입듯이 몸에 지니고 다닐 수 있는 스마트 기기.

최초의 컴퓨터는 집 한 채를 가득 채울 정도로 컸습니다. 1980년대에 가정이나 사무실에서 쓰는 개인용 컴퓨터(PC)가 널리 쓰이면서 컴퓨터는 책상 위에 놓고 쓰는 물건이 되었습니다. 그 후 스마트폰이 나오면서 사람들은 컴퓨터를 주머니에 넣고 다닐 수 있게 되었습니다.

이처럼 컴퓨터는 점점 휴대하기 쉬워지고, 작고, 간편해졌습니다. 그럼 이제 더 이상 사람과 가까이 있고 편리하게 쓸 수 있는 컴퓨터는 없는 걸까요? 그러한 요건에 맞는 컴퓨터가 바로 웨어러블 기기(Wearable Device)입니다. 웨어러블은 '입을 수 있는'이란 뜻의 영어입니다. 마치 옷을 입거나 안경을 쓰는 것처럼 언제 어디서나 지니며 사용할 수 있는 컴퓨터를 말합니다.

애플이나 삼성전자 같은 IT 회사들이 만드는 스마트 워치(Smart Watch)가 그중 주목받는 웨어러블 기기입니다. 시계는 스마트폰보다 사람 몸에 더 가까이 지닐 수 있는 제품입니다. 이제 스마트워치를 손목에 차면, 스마트폰에 오는 문자 메시지나 알람을 시계로 받을 수 있습니다. 사용자의 심장 박동이나 혈압, 운동량 등을 측정해 건강 정보를 알려 주기도 합니다.

건강 정보에 더 맞춰진 웨어러블 기기로는 손목에 차는 스마트 밴드(Smart Band)도 있습니다. 가볍게 팔목에 차고 하루 종일 걸은 거리나 운동량, 맥박, 혈압 등을 측정해 줍니다. 사용자의 데이터를 꾸준히 쌓아 신체 이상을 감지하거나 더 좋은 운동법을 알려 주기도 하지요.

안경 모양의 웨어러블 기기도 있습니다. 구글은 2012년 '구글 글라스(Google Glass)'라는 제품을 시범적으로 내놓았습니다. 안경에 작은 카메라가 달려 있어 눈으로 바라보는 장면을 사진이나 동영상으로 찍어 친구에게 보낼 수 있습니다. 바라보는 대상에 대한 정보도 안경 렌즈에 나타납니다. 사용자는 굳이 스마트폰을 꺼내지 않아도 쉽게 궁금한 내용을 알 수 있습니다.

하지만 구글 글라스의 경우, 작은 안경에 필요한 기능을 모두 넣기 어려웠고 디자인도 어색했기 때문에 큰 호응을 얻지 못했습니다. 그 결과 구글 글라스는 생산을 멈췄습니다. 하지만 안경 모양의 웨어러블 기기가 지닌 잠재력은 여전히 큽니다. 애플 등 여러 회사가 연구를 지속하고 있어요.

그 외에도 초소형 컴퓨터 칩을 심은 섬유나, 주변의 변화를 인식할 수 있는 특수 소재로 만든 스마트 의류도 있습니다. 이 역시 넓은 의미의 웨어러블 기기인 셈입니다.

웨어러블 기기는 스마트폰보다 사람과 더 가까이 있는 기기입니다. 우리의 모든 것을 기록할 수 있어요. 신체의 변화도 더 정밀하게 측정할 수 있고요. 혼자 지내는 노인들의 맥박이나 혈압을 수시로 확인하고, 움직임이 일정 시간 없을 경우 병원에 알리는 일도 가능하죠. 하지만 이러한 기능은 반대로 우리 생활이 더 많이 노출된다는 뜻이기도 해요. 모두 스마트 안경을 쓰고 다닌다면, 우리의 모든 행동이 모르는 사이에 누군가에 의해 찍힐 우려가 생겨나지요. 웨어러블 기기에 대한 다양한 고민이 필요한 이유입니다.

프로그래밍,
코딩과 소프트웨어에 대한
용어들

디지털
어휘력 상승
2단계

용어를 알면
소프트웨어와 코딩이
더 쉬워져!

 소프트웨어란 무엇일까요? 예전에 자동차나 세탁기 같은 새로운 물건의 발명이 우리의 삶을 변화시켰다면, 이제는 눈에 보이지 않는 소프트웨어가 세상을 바꾸고 있습니다.

 컴퓨터와 인공지능이 사람의 일을 대신하는 시대가 온다고 합니다. 이러한 미래에 우리가 해야 할 일은 무엇일까요? 인공지능이 맡으면 좋은 일은 무엇이고 사람이 하면 좋은 일은 무엇일까요? 이러한 것을 판단하고 좋은 결과를 내는 데는 무엇이 필요할까요?

 하나는 사람에 대해, 세상에 대해 더 깊이 이해하는 인

문학적 감성입니다. 다른 하나는 인공지능과 소프트웨어를 도구로 활용할 수 있는 능력입니다. 그를 위해 오늘날 사람들이 국어나 수학을 배우듯이 이제 소프트웨어를 배워 사회를 만들어 나가게 되는 것이지요.

소프트웨어, 코딩은 영어에 이은 세계의 만국 공통어가 되어가고 있습니다. 그런데 너무 어려워 보이지요? 처음에는 그럴지 몰라요. 하지만 차근차근 들여다보면 누구나 이해할 수 있답니다. 미래를 이끌고 자신의 꿈을 자유롭게 펼쳐 나가고 싶다면 지금부터 소프트웨어와 친해져 보세요.

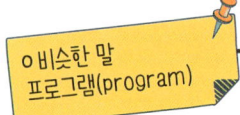 ㅇ비슷한 말 프로그램(program)

소프트웨어
Software

컴퓨터가 일을 할 수 있게 명령을 내리는 프로그램과, 프로그램을 실행하는 데 필요한 데이터와 정보 등을 통틀어 부르는 말.

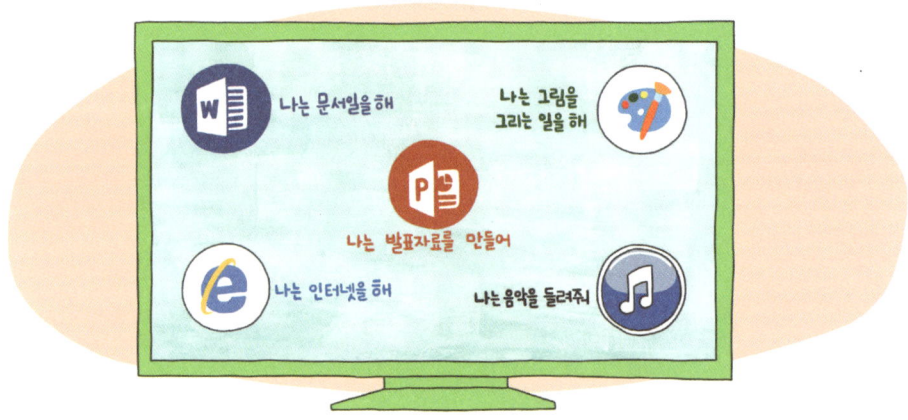

이제는 집집마다 컴퓨터가 한 대씩 있을 만큼 컴퓨터가 흔합니다. 컴퓨터만 있으면 숙제도 뚝딱 해 낼 수 있고, 마인크래프트(Minecraft) 게임도 할 수 있지요. 네모난 박스처럼 생긴 컴퓨터 안에서 대체 어떤 일이 일어나기에 이런 일들이 가능할까요? 자, 그러면 컴퓨터를 살펴볼까요? 컴퓨터 안에는 프로그램을 실행하고 파일을 저장하는 반도체가 들어 있고 겉에는 화면을 보여 주는 모니터, 키보드가 달려 있지요. 이러한 컴퓨터나 스마트폰을 '하드웨어'(Hardware)라고 해요. ('딱딱한'이란 뜻의 영어 'hard'가 쓰인 것에서 알 수 있듯이, 소프트웨어를 품고 작동하는 '딱딱한 기계 장치'를 뜻해요.) 만약 컴퓨터나 스마트폰 같은 하드웨어만 있다면 음식이 하나도 들어 있지 않은 냉장고와 같아요. 냉장고가 제 역할을 하려면 그 안에 음식이 들어 있어야겠지요? 이 음식의 역할을 하는 것이 바로 소프트웨어예요.

자, 여러분이 숙제를 할 때 컴퓨터를 켜고 한글 프로그램을 띄워서 문서를 만들고 종이에 출력하죠? 궁금한 게 있으면 인터넷 익스플로러로 네이버나 구글에 들어가 검색을 하고요. 파워포인트로 발표 자료를 만들고, 메신저 프로그램으로 메시지를 보내지요.

이렇게 하드웨어(컴퓨터) 안에 설치된 소프트웨어, 혹은 프로그램 덕분에 우리는 컴퓨터로 수많은 일을 할 수 있는 것이에요.

컴퓨터를 켜서 바탕화면을 살펴보세요. 인터넷 익스플로러(Internet Explorer), 한글, 파워포인트, 곰플레이어, 메모장 등의 아이콘이 보일 겁니다. 이런 것들이 모두 프로그램입니다. 컴퓨터에서 여러분이 하고 싶은 일들을 실제로 할 수 있게 해 주는 것들이죠.

즉 프로그램이란 '컴퓨터에 일을 시키기 위해 컴퓨터가 알아들을 수 있는 말로 써 놓은 명령들의 모음'입니다. 우리 눈에는 버튼이나 아이콘만 보이지만, 사실 그 안에 컴퓨터가 알아듣는 말로 명령을 써넣었습니다. 그래서 우리가 키보드나 마우스, 손가락 터치로 실행시키면 프로그램에 원하는 일을 시킬 수 있는 것이죠.

소프트웨어랑 프로그램은 거의 같은 뜻으로 쓰입니다. 굳이 따지자면 차이는 있어요. 소프트웨어는 프로그램뿐 아니라 프로그램 실행에 필요한 다른 데이터나 정보, 안내 자료까지 모두 묶어서 부르는 말이에요. 이를테면, 'MP3 음악 소프트웨어'에는 MP3 파일을 실행하는 프로그램뿐 아니라 보너스로 함께 주는 MP3 음악 파일들도 들어 있지요.

하드웨어 컴퓨터는 눈에 보이지만 컴퓨터 안에서 실행되는 소프트웨어는 보이지 않습니다. <u>소프트웨어가 없으면 하드웨어는 속이 빈 깡통에 불과하지요. 하지만 반대로, 하드웨어가 없으면 소프트웨어는 일을 할 수 없답니다. 그래서 하드웨어와 소프트웨어는 서로가 꼭 필요합니다.</u>

소프트웨어의 역할은 점점 커지고 있어요. 우리가 하던 일들을 대신해 주거나, 사람보다 더 능률적으로 일하는 소프트웨어들이 계속 만들어지고 있거든요. 예전에는 운전할 때 지도를 보고 길을 찾았지만, 요즘에는 스마트폰에 있는 지도 소프트웨어로 길을 찾습니다. 게다가 소프트웨어가 실시간으로 교통 상황을 분석해 가장 빠른 길을 알려 줍니다.

이렇듯 앞으로 우리가 생각지 못한 일을 해내는 소프트웨어들이 계속 나올 것입니다. 그 덕분에 우리 삶은 더 편리해질 겁니다. 더불어 유용한 소프트웨어를 생각해 내고 만드는 능력이 아주 중요해질 것입니다.

앱
App, Mobile Applications

스마트폰에 설치해 사용하는 소프트웨어들을 부르는 말.

스마트폰에는 여러 앱을 설치해 쓸 수 있어요. 카카오톡, 게임, 사진 꾸미기, 메일, 캘린더 앱 같은 것들이죠. 스마트폰이 '손 안의 컴퓨터'라는 별명이 붙은 이유는 아마 인터넷 검색과 앱을 마음대로 설치해 쓸 수 있다는 특징 때문일 거예요.

앱은 '적용'이나 '응용'이란 뜻의 영어 '애플리케이션(Applications)'의 줄임말이에요. 이 앱은 컴퓨터에 설치하는 소프트웨어나 프로그램과 같은 일을 해요. PC에서 쓰는 한글이나 파워포인트 같은 것을 소프트웨어 혹은 프로그램이라고 부르는데, 정확한 명칭은 '애플리케이션 소프트웨어(Application Software)'예요. 사용자 편의를 위해 특정한 기능을 하는 소프트웨어 또는 프로그램이라는 뜻이죠. 보통은 간단히 소프트웨어나 프로그램이라 부르는데, 스마트폰에서는 '앱'이라고 불러요.

앱이라는 말이 널리 퍼지게 된 건 애플이 '앱스토어(App Store)'라는 서비스 덕분이에요. 애플은 2007년에 아이폰을 내놓아 오늘날 스마트폰 시대를 열었지요. 이어 2008년 7월에는 앱을 사고파는 가상 장터인 '앱스토어'를 선보였습니다. 스마트폰에서 쓰는 앱을 누구나 만들어 앱스토어에 올려 팔 수 있게 한 것이죠. 2008년 10월에는 구글이 안드로이드 휴대폰의 앱 장터인 '구글플레이(Google Play)'를 열었어요.

모바일 앱 덕분에 사람들이 스마트폰을 훨씬 편리하게 쓸 수 있게 되었어요. 일정을 확인하거나, 웹툰을 보거나, 음악을 작곡하거나, 그림을 그리거나, 학교 가정 통신문을 확인하는 일 등을 모두 앱을 써서 스마트폰에서 할 수 있어요. 앱을 이용해 친구들과 대화방을 만들어 메시지를 주고받거나 사진을 멋지게 꾸며 낼 수도 있지요.

오늘날 애플 앱스토어나 구글 플레이에는 각각 앱이 50만 개 이상 등록되어 있어요. 코딩을 할 줄 알면 누구나 유용한 앱이나 게임을 만들어 앱스토어에 올릴 수 있어요. 스마트폰을 쓰는 세계 모든 사람이 소비자가 될 수 있기 때문에 기대 이상의 큰 성공을 거두는 경우도 있어요. 이름 없는 작은 회사에서 만들어 세계적인 히트 상품이 된 게임 '앵그리버드(Angry Birds)'가 대표적인 사례입니다.

앵그리버드는 2009년에 핀란드의 게임 회사 로비오에서 만든 게임입니다. 로비오는 2003년 설립된 회사인데, 그때까지 인기 게임을 발표하지는 못했습니다. 그러다 2009년 출시한 아이폰용 게임 '앵그리버드'가 전 세계를 휩쓰는 인기를 얻었죠. 이 게임은 무려 10억 번이나 다운로드될 정도로 인기가 높았습니다. 스마트폰의 화면을 터치해 새를 날리는 게임 방식은 이전 게임에서 볼 수 없는 것이었습니다. 스마트폰 게임은 이전의 게임들과 달리, 누구나 쉽게 앱스토어에서 게임을 받을 수 있습니다. 덕분에 핀란드의 작은 회사였던 로비오는 단숨에 세계적인 게임 회사가 되었습니다. 귀여운 게임 캐릭터를 앞세워 영화도 만들었죠.

우리나라에서는 카카오톡이 대표적인 스마트폰 앱으로 꼽힙니다. 예전에는 휴대폰으로 문자 메시지를 보낼 때마다 20~30원씩 돈을 내야 했어요. 하지만 2010년 카카오톡이 나오면서 누구나 무료로 메시지를 주고받을 수 있게 됐어요. 여러 사람과도 대화할 수 있고, 사진이나 동영상도 쉽게 보낼 수 있죠. 카카오톡은 이제 우리나라 사람의 일상에 깊숙이 들어온 앱이라고 해도 과언이 아닙니다.

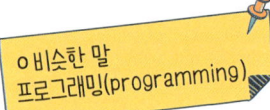 ○비슷한 말 프로그래밍(programming)

코딩
Coding

컴퓨터에게 시킬 일을 컴퓨터가 이해할 수 있는 언어로 작성하는 것.

컴퓨터는 어떻게 일을 할까요? 어떻게 우리는 화면 위에 한글 문서를 쓸 수 있고, 마인크래프트 게임 속에서 집을 지을 수 있을까요?

컴퓨터는 스스로 생각하지는 못해요. 사람들이 시키는 일을 그대로 할 뿐이죠. 그러면 컴퓨터에게 어떻게 일을 시킬까요? 우리가 다른 사람에게 어떤 일을 해 달라고 할 때 말이나 글, 즉 언어로 뜻을 전하지요. 컴퓨터에게 일을 시킬 때도 마찬가지입니다. 다만 컴퓨터가 알아들을 수 있는 말로 전해야 합니다. 이때 컴퓨터가 알아들을 수 있는 말을 '기계어', '프로그래밍 언어'라고 합니다.

그리고 이 기계어나 프로그래밍 언어로 컴퓨터에게 할 일을 지시하는 명령문을 쓰는 것을 '프로그래밍' 혹은 '코딩'이라고 해요.

자, 컴퓨터 앞에 앉아 전원을 켜 볼게요. 윈도가 우웅 소리를 내며 켜지고 바탕 화면에 아이콘들이 여러 개 뜹니다. 거기에는 한글 아이콘도 있고, 인터넷 브라우저 아이콘도 있고, 게임이나 메신저 아이콘도 있지요. 이 아이콘들을 더블 클릭하면 켜지는 것들을 바로 프로그램이라고 하지요. 새 창이 뜨며 한글 문서를 작성할 수도 있고, 인터넷 포털에 들어가 검색도 할 수 있지요. 이러한 '프로그램을 만드는 일'이 바로 '코딩' 또는 '프로그래밍'입니다. 그리고 프로그래밍을 하는 사람은 '프로그래머'라고 하고요.

우리 눈에는 아이콘과 새 창들로 보이지만, 이런 프로그램은 실은 프로그래밍 언어에 따른 여러 부호나 기호, 데이터로 이루어져 있습니다. 이것을 '코드(Code)'라고 부릅니다. 인터넷 브라우저를 열고 웹 페이지에 들어가 마우스 오른쪽 버튼을 눌러 보세요. 마우스 메뉴 중 '소스 코드 보기'를 누르면 이 웹 페이지를 구성하는 코드가 나옵니다. 소프트웨어 역시 그러한 약어와 기호로 이루어진 코드로 구성됩니다.

아까 컴퓨터가 알아들을 수 있는 말을 프로그래밍 언어라고 했지요? 프로그램을 만들려면 이처럼 프로그래밍 언어 체계에 맞는 부호, 기호 등으로 명령문을 작성해야 해요. 이것을 우리는 '코드를 짠다'고 말합니다. 그리고 이 코드를 짜는 일이 코딩이죠. 그러니까 프로그래밍과 코딩은 같은 말이라고 보면 돼요.

다시 정리해 볼게요. 우리는 인터넷 익스플로러나 한글 워드프로세서 같은 프로그램을 이용해 원하는 일을 컴퓨터에게 시킬 수 있어요. 예를 들어 우리는 한글 프로그램으로 컴퓨터에게 문서를 보기 좋게 만들게 할 수 있고, 인터넷 익스플로러를 켜서 컴퓨터에게 네이버나 유튜브에 들어가 내가 찾는 내용을 골라 화면에 띄우게 할 수 있지요. 이 프로그램들이 이러한 일을 하도록 컴퓨터가 알아듣는 방식으로 순서와 방법을 컴퓨터에게 전달해 주는 것이 바로 코딩이에요.

알고리즘
Algorithm

어떤 과제를 해결하기 위해 해야 하는 일들을
논리적인 단계에 따라 배열한 것.

자, 엄마가 도서관에 가서 책을 반납하고 슈퍼마켓에서 두부를 사 오라는 심부름을 시켰다고 생각해 봅시다. 여러분은 곧장 도서관에 가서 책을 반납한 후 돌아오는 길가에 있는 슈퍼마켓에 들어가 식품 코너로 가서 두부를 집을 거예요. 그런 다음 카운터에서 계산한 후 집으로 돌아오겠죠. 아마도 여러분은 따로 생각하지 않더라도 이 과정을 자동적으로 할 수 있겠죠. 그런데 우리 동네에 처음 온 사촌 동생에게 혼자 심부름을 보내야 하는 상황이라면 어떨까요? 어느 길로 갈지, 가서 무엇을 해야 할지, 어디를 먼저 가야 할지 등을 하나씩 알려 주어야 할 거예요.

컴퓨터에게 일을 시키는 것도 마찬가지입니다. 로봇에게 이 심부름을 시킨다고 생각해 볼까요? 집을 나가→정문에서 왼쪽으로 돌아 큰 길로 나가→100m 직진해 도서관 앞에 멈추고→책을 반납하고→도서관을 나와→오른쪽으로 돌아 200m 이동해 슈퍼마켓 앞에 멈춰… 이런 식으로 일일이 경로와 행동을 정해 주어야 되지요.

이처럼 책을 반납하고 두부를 사는 '과제'를 해결하기 위해서는 단계별로 일을 정리해 놓아야 합니다. 방향을 정해, 길을 걷고, 도서관에 가서, 책을 반납하고, 슈퍼마켓에 가서, 두부를 사는 등의 '일들'을 말이지요. 이렇게 과제를 해결하기 위해 할 일들을 순서에 따라 모아 놓은 것이 바로 알고리즘입니다.

그러므로 프로그램을 만들어 어떤 일을 해내기 위해서는 반드시 알고리즘을 만들어야 합니다(혹은 알고리즘을 '짠다'고도 표현합니다). 알고리즘이 있어야 프로그램이 그에 따라 일을 수행해 나갈 수 있기 때문입니다. 알고리즘을 만들려면 먼저, 문제를 해결하는 과정을 정해진 규칙에 따라 간단하고 명확한 단계들로 나눕니다. 그리고 프로그램이 이 단계에 따라 일을 해낼 수 있도록 만들어 주는 것이지요. 이 알고리즘을 컴퓨터가 이해할 수 있는 말, 즉 프로그래밍 언어로 적는 것이 바로 '코딩'이지요.

심부름을 가는 과정은 아주 간단한 알고리즘입니다. 할 일의 순서도 단순하고 단계도 명확하지요. 반면 요즘 컴퓨터는 아주 복잡한 알고리즘을 바탕으로 일을 합니다. 내비게이션은 목적지까지 가장 빠르고 안 막히는 길을 안내하는 알고리즘을 갖고 있습니다. 사진 꾸미기 앱은 얼굴 모양을 인식하는 알고리즘을 갖고 있지요. 구글이나 네이버 같은 검색 회사에는 어떤 알고리즘이 있을까요? 사용자가 입력한 검색어에 관한 수많은 웹 페이지 중 어느 것을 먼저 보여 줄지 결정하는 알고리즘이 있답니다. 예를 들어, 다른 사람들이 많이 선택한 웹 페이지가 더 우선되어 보이는 식의 검색 알고리즘이 있습니다.

요즘은 버스나 지하철에서 학생과 어른에게 각기 다른 요금을 받습니다. 교통카드를 단말기에 댈 때 요금이 알아서 빠져나갑니다. 단말기에 부착된 프로그램 덕분이지요. 이 프로그램이 해결해야 할 문제는 나이에 따라 요금이 얼마나 빠져나갈지 정하는 것입니다. 이 문제를 해결할 알고리즘을 만들어 볼까요?

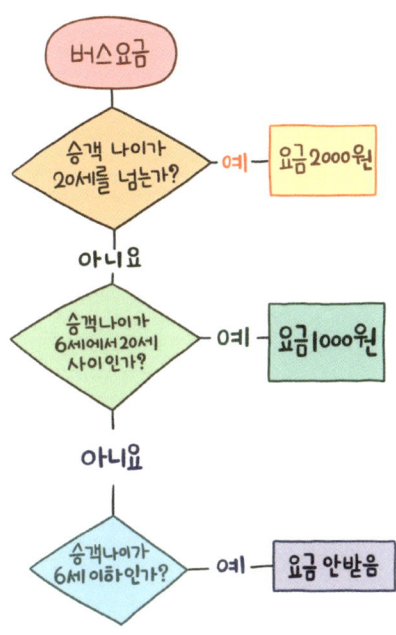

만 20세 이상은 2,000원, 만 6세 이상 20세 미만은 1,000원, 6세 미만은 0원을 낸다는 규칙을 먼저 만들 수 있겠죠. 해결할 문제를 나이라는 일정한 규칙에 따라 잘게 나눈 것이죠.

버스 단말기 프로그램은 카드에 담긴 사용자 정보를 읽어 20세 이상인지를 확인합니다. 만약 '예.'하고 맞다면 그 카드에 2,000원의 요금을 매깁니다. 만약 '아니오'라고 한다면 다시 6~20세 사이인가를 묻지요. 만일 답이 '예'라고 한다면 그에 따라 1000원의 요금을 매깁니다. 이 질문에도 답이 '아니오'라면 승객은 6세 이하라고 판단하여, 요금을 받지 않습니다.

다시 말해, 이 알고리즘은 6세와 20세를 기준으로 승객의 연령대가 어느 그룹에 속하는 것인지를 따지는 것이라고 할 수 있습니다.

알고리즘은 원하는 결과를 내어야 하며, 되도록이면 빠르고 쉽게 결과에 닿아야 합니다. 도서관이 아니라 길 건너 PC방으로 가는 길을 안내해서는 안 된다는 것이죠. 또 멀리 돌아가는 길이 아니라 되도록 거리가 짧고 시간이 덜 걸리는 경로를 택하는 것이 좋은 알고리즘입니다.

기계어
Machine Language

인간의 언어가 아닌, 기계인 컴퓨터가 직접 이해하고 실행할 수 있는 언어.

앞서 우리는 알고리즘을 짜서 컴퓨터에게 할 일의 순서를 정해 주는 과정을 살펴보았어요. 알고리즘을 짜고 나면 이제 이것을 컴퓨터가 알아들을 수 있는 말로 만드는 작업, 즉 '코딩'을 해야 합니다.

이때 컴퓨터가 알아듣고 실행할 수 있는 언어가 바로 기계어입니다. 언어라고 부르기는 하지만 사람의 말과는 많이 다릅니다. 사람은 다양한 단어와 문장으로 서로 뜻과 생각을 전합니다. 반면 컴퓨터가 알아듣는 말은 아주 단순합니다. 0과 1로만 구성되어 있습니다.

컴퓨터는 전기 신호가 들어오면 1, 신호가 없으면 0으로 인식합니다. 0과 1을 여러 번 조합해서 컴퓨터가 실행할 명령어들을 만듭니다. 그리고 이 명령어들을 써서 컴퓨터는 우리가 원하는 복잡한 일을 수행합니다.

만일 컴퓨터가 알아들을 수 있는 기계어 명령을 숫자로 표현해 보면 이런 식이 될 거예요. 0010 1011 0111 0011…… 0과 1만 주욱 나열되어 있답니다. 그렇다 보니 사람들의 눈에 잘 들어오지도 않고 머리가 어지럽죠?

하지만 이것이 컴퓨터의 '뇌'라 불리는 중앙처리장치(CPU)가 알아듣는 언어입니다. CPU는 데이터를 처리하고 연산하는 컴퓨터의 핵심 반도체 부품입니다. 이 CPU를 만드는 대표적인 회사로 인텔(Intel)이나 AMD가 있습니다.

앞에서 소프트웨어와 프로그램이란 '컴퓨터에 일을 시키기 위해 컴퓨터가 알아들을 수 있는 말로 써 놓은 명령들의 모음'이라고 했어요. 여기서 '컴퓨터가 알아들을 수 있는 말'이 기계어인 셈입니다. 그리고 이 기계어로 쓴 명령을 컴퓨터가 읽어 들여 우리가 원하는 일을 실행하는 것이죠.

하지만 기계어는 사람이 읽고 쓰기에는 너무 어려워요. 이렇게 끝도 없이 나열된 0과 1 두 숫자만 조합하면서 코딩을 하는 것은 무척 힘든 일입니다. 그래서 기계어를 사람들이 쓰기 편한 언어로 바꾸는 작업을 생각해 냈습니다.

사람들이 생각해 낸 것은 어셈블리(Assmebly) 언어입니다. 숫자들로 구성된 기계어의 명령어를 영어 문자로 바꿔서 표시한 것입니다. 우리가 흔히 쓰는 알파벳으로 표현했기 때문에 알아보기가 훨씬 편합니다. 물론 어셈블리어도 기계어에서 모양만 살짝 바꾼 것이기 때문에 여전히 사람들이 쉽게 알아보며 쓰기는 힘듭니다.

이런 이유로 사람들이 쉽게 읽고 쓸 수 있도록 인간의 말과 글에 가까운 방식으로 표현한 프로그램 언어들이 탄생하게 됩니다. (이에 대해선 다음 용어 '프로그래밍 언어'에서 더 얘기해 볼게요.)

이런 언어들은 사람이 보기에는 편하지만, 컴퓨터는 알아듣지 못해요. 그래서 이 언어들로 코딩한 프로그램은 다시 컴퓨터가 이해할 수 있는 기계어로 번역해 주어야 한답니다. 이렇게 <u>프로그래밍 언어를 기계어로 바꿔주는 특수한 프로그램을 '컴파일러(Compiler)'</u>라고 합니다.

기계어는 CPU와 같은 컴퓨터의 하드웨어와 가장 가깝게 작동하는 언어입니다. 기계어와 어셈블리어를 '<u>저급 언어(Low-level Language)</u>'라고 합니다. 반면 사람의 말과 가까운 프로그래밍 언어는 '<u>고급 언어(High-level Language)</u>'라고 불러요.

초창기 컴퓨터 공학자들은 기계어를 읽고 쓰며 프로그램을 짰다고 합니다. 하지만 요즘은 기계어로 직접 코딩을 하는 경우는 매우 드물답니다.

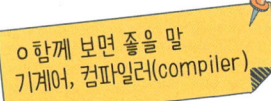 ○함께 보면 좋을 말
기계어, 컴파일러(compiler)

프로그래밍 언어
Programming Language

컴퓨터에게 일을 시키기 위한 소프트웨어를 만드는 데 쓰는 언어.

우리가 컴퓨터에 일을 시키려면 컴퓨터가 알아듣는 말로 명령해야 합니다. <u>프로그램 또는 소프트웨어란 이렇게 컴퓨터에게 시킬 명령들을 만들어 모아 놓은 것입니다. 그리고 프로그래밍 작업은 그 명령어들을 작성하는 일이지요.</u>

이렇게 프로그램을 짤 때 쓰는 언어를 '프로그래밍 언어'라고 합니다.

앞서 '기계어' 설명에서 우리는 컴퓨터가 0과 1로만 구성된 특별한 말(기계어)만 알아듣는다고 했어요. 이 기계어는 컴퓨터는 쉽게 알아듣지만 사람이 알아보기는 어렵습니다. 기계어로 코딩 작업을 하려면 이만저만 힘든 게 아니지요.

그래서 사람이 더욱 쉽게 읽고 쓸 수 있는 새로운 말을 만들게 되었습니다. 앞에 나온 '기계어' 설명에서, 사람의 말과 문법에 가까운 프로그래밍 언어를 '고급 언어'라고 설명했죠? 오늘날 코딩 작업은 대부분 고급 언어로 하게 됩니다.

최초의 고급 언어는 1952년 영국 맨체스터 대학교에서 개발한 '오토코드(Autocode)'입니다. 당시 맨체스터대학교에 있던 '마크 I(Mark I)'이란 컴퓨터에서 쓰기 위해 만들어졌습니다.

그 후 컴퓨터가 발달하면서 프로그래밍 언어도 계속 발전하고 새로이 나왔습니다. 1950년대에는 포트란(FORTRAN)이나 코볼(COBOL)이 나왔고 1970년대에는 C 언어가 나왔지요. 1980~1990년대에는 C++, 자바(JAVA), 파이썬(Python) 등이 나와 널리 쓰였습니다.

이 언어들은 저마다 수학 수식을 쉽게 표현할 수 있다거나, 업무에 필요한 데이터를 처리하기에 좋다는 등의 장점들이 있습니다. 1970년대 초에 미국 벨 연구소(Bell Lab)의 데니스 리치(Dennis Ritchie)와 켄 톰슨(Ken Thompson)이 개발한 C 언어는 가장 대표적인 프로그래밍 언어로 오늘날까지도 널리 쓰입니다.

또 요즘 많이 쓰이는 프로그래밍 언어로 '자바'가 있습니다. '자바'는 1991년에 썬 마이크로시스템즈(Sun Microsystems)란 회사에서 일하던 제임스 고슬링(James

Gosling)이 개발했습니다. 자바는 컴퓨터나 서버뿐 아니라 스마트폰, 셋톱 박스 등 기기를 가리지 않고 어디서나 작동하는 소프트웨어를 만들 수 있습니다. 그런 점으로 인해 요즘 더 주목받고 있습니다.

최근에도 새로운 프로그래밍 언어는 계속 만들어지고 있어요. 언어마다 특성이 다르고, 장단점이 다르기 때문이죠. 애플이나 구글, 페이스북 같은 큰 IT 기업들도 프로그래밍 언어를 만들며 개발자들이 그 언어를 많이 쓰도록 적극적으로 나서고 있습니다. 구글이나 애플이 만든 프로그래밍 언어로 코딩하는 사람이 늘어나면, 구글이나 애플 사용자들을 위한 좋은 앱이나 프로그램이 더 많이 만들어질 것이라 기대하기 때문이죠. 애플은 '스위프트(Swift)', 구글은 '코틀린(Kotlin)' 등의 프로그래밍 언어를 선보였습니다.

여러분도 쉬운 프로그래밍 언어부터 차근차근 배워 나가면서 컴퓨터와 대화할 수 있어요. 학교에서 많이 접해 봤을 '스크래치(Scratch)'도 그림으로 나타낸 프로그래밍 언어입니다. 이 언어로 프로그램을 만들며 여러분이 머릿속으로 생각만 하던 일을 실행에 옮겨 보세요.

○ 함께보면 좋을 박스
빌 게이츠 vs 스티브 잡스,
영원한 라이벌

운영체제
Operating System, OS

컴퓨터 하드웨어와 소프트웨어를 모두 관리하는 기본 소프트웨어.

컴퓨터는 여러 하드웨어와 소프트웨어로 구성되어 있어요. 키보드, 모니터, 메모리 등이 하드웨어이고, 워드프로세서나 인터넷 브라우저, 게임 등이 소프트웨어에 해당하지요. 이 하드웨어를 작동시키고, 여러 소프트웨어를 실행시키려면 이 모든 것을 관리하는 또 다른 '소프트웨어'가 필요해요. 이 관리하는 소프트웨어가 바로 운영체제(Operating System, OS)입니다.

이를테면 PC의 운영체제(OS)는 대표적으로 윈도(Window)가 있습니다. 우리가 컴퓨터의 전원을 키면 우웅~ 소리를 내며 윈도가 부팅(booting)이 됩니다. 부팅이 된다는 것은 컴퓨터가 운영체제를 가동시켜서 컴퓨터에 설치된 하드웨어와 소프트웨어를 읽어 들이고, 쓸 수 있는 상태로 만든다는 의미입니다. 윈도가 부팅되고 나면, 비로소 하드웨어와 소프트웨어를 조작할 수 있지요. 키보드나 마우스를 누르고 움직여, 거기서 들어오는 내용(입력)을 확인하고, 결과물을 모니터에 띄우거나 프린터로 보내 줄(출력) 수 있는 것이지요.

이와 같은 운영체제는 또한 인터넷 익스플로러나 마인크래프트 같은 프로그램들이 컴퓨터의 두뇌와도 같은 CPU(중앙처리장치, 컴퓨터의 모든 데이터들을 이곳에서 순차적으로 처리합니다)와 함께 소통하며 작동하게끔 관리해 줍니다.

우리가 한꺼번에 여러 소프트웨어를 사용할 때가 있지요? 인터넷을 쓰면서 한글 문서를 만든다든가 하는 경우 말이에요. 이렇게 여러 소프트웨어를 한꺼번에 쓸 때 운영체제는 각 소프트웨어의 작동 시간이나 순서를 조정합니다. 그렇지 않으면 소프트웨어(프로그램)들이 서로 부딪히고 충돌해 컴퓨터를 쓸 수 없게 됩니다. 이렇게 해서 만들어진 파일들이나 결과물을 일정한 규칙에 따라 저장하는 것도 운영체제가 하는 일입니다.

흔히 보는 컴퓨터(PC)뿐만 아니라 컴퓨팅 작업을 하는 모든 기기는 다 운영체제를 가지고 있습니다. 스마트폰은 물론이고, MP3플레이어나 은행 현금인출기 등도 운영체제가 있지요. 컴퓨터에는 대체로 '윈도 OS'가 설치되어 있을 거예요. 스마트폰에는 구글이 만든 '안드로이드'나 애플이 만든 'iOS'가 설치되어 있습니다.

집이나 학교에서 흔히 쓰는 '윈도'는 마이크로소프트(Microsoft)라는 회사가 만들어요. 여러 컴퓨터 회사가 자기네 컴퓨터를 만든 후에 이 윈도 운영체제를 사서 컴퓨터에 설치해서 팔고 있습니다. 이렇게 하면 컴퓨터 회사가 각자 운영체제를 따로 개발하지 않아도 됩니다. 반면 애플(Apple) 같은 회사는 컴퓨터와 스마트폰은 물론, 자신들의 하드웨어에만 쓸 수 있는 전용 운영체제를 만들고 있어요. 이렇게 만든 전용 운영체제를 애플의 제품에 설치해 팝니다.

구글은 스마트폰용 운영체제 '안드로이드(Android)'를 만들어 공개했어요. 그래서 어떤 휴대폰 제조사들도 안드로이드를 무료로 쓸 수 있게 했어요. 그 대신 안드로이드가 설치된 스마트폰을 쓰는 사람들은 구글을 더 많이 쓰게 된답니다. 왜냐하면, 안드로이드가 설치된 스마트폰에는 구글의 다양한 서비스 앱들이 함께 설치되기 때문이지요. 그뿐만 아니라 바탕화면에도 구글 검색 창이 가장 눈에 잘 띄는 자리에 있기 때문입니다.

컴퓨터를 잘 아는 사람들은 리눅스(Linux)라는 공개형 운영체제를 쓰기도 해요. 공개형 운영체제는 누구나 자신에게 맞는 방식으로 자유롭게 고쳐서 쓸 수 있는 운영체제입니다.

큰 기업이나 은행, 정부기관 등에서 쓰는 컴퓨터들은 일반 컴퓨터보다 훨씬 많은 일을 처리하게 됩니다. 그렇기 때문에 '유닉스(Unix)'나 '메인프레임(Mainframe)' 같은 특수한 운영체제를 쓰기도 합니다.

API
Application Programming Interface

소프트웨어나 운영체제, 기기 등의 기능을 다른 소프트웨어가
일부 가져다 활용할 수 있도록 만들어 둔 도구 및 표준 형식.

　소프트웨어는 운영체제(OS) 위에서 돌아갑니다. 윈도 운영체제(Window OS)가 깔린 컴퓨터에서 '한글' 프로그램으로 숙제를 한다고 생각해 봅시다. 한글 문서 작업을 마치면 파일을 잘 저장해야 합니다. 파일을 저장하고 관리하는 것은 OS의 주요 기능 중 하나입니다. 그리고 한글 프로그램으로 만든 문서 파일을 저장할 때는 컴퓨터 윈도 운영체제의 파일을 저장하는 시스템에 따라 저장해야 합니다. 다시 말해 한글 프로그램은 자신의 바탕이 되는 윈도 운영체제로부터 주요 기능을 가져다 쓰는 셈입니다.

이처럼 운영체제나 소프트웨어가 다른 소프트웨어와 일종의 '대화'를 하고, 기능을 함께 쓸 수 있도록 해주는 것이 API입니다. Application Programming Interface라는 말처럼, 프로그램이 다른 프로그램과 만나게 돕는 역할을 하는 것이지요. 이렇게 만나서, 둘이 쉽게 '대화'할 수 있도록 규칙이나 표준을 정해 주는 것이지요.

예를 들어, 윈도 OS를 만든 회사인 '마이크로소프트'가 파일을 저장하는 방법이나 규칙을 잘 정리해서 모두에게 공개한다면 어떨까요? 그러면 프로그램을 만드는 회사들이 자신의 프로그램을 만들 때 파일 저장 기능을 쉽게 만들 수 있습니다. 마이크로소프트에서 공개한 파일 저장 방법, 규칙을 보고 참고해 자신의 프로그램에 그 기능을 붙이면 되기 때문입니다.

이렇게 다른 회사나 개발자들이 운영체제나 프로그래밍 언어, 기능 등을 가져다 쓸 수 있게 사용법을 정리해 공개한 것을 API라고 합니다. 어휴, 정말 복잡해 보이지요? 우리가 굳이 이 API에 대해 알아야 할까요? 당연하지요! 그것은 이 API가 기계들의 소통에 중요한 일을 맡고 있기 때문이에요.

API는 소프트웨어나 앱을 만드는 데 중요한 역할을 합니다. 어린이 친구들이 스마트폰으로 찍은 사진을 '싸이메라'나 '스노우' 같은 사진 꾸미기 앱을 써서 꾸밀 수 있지요? 그것도 이 앱들이 휴대폰에 장착된 OS의 API를 통해 스마트폰 카메라의 기능을 가져다 쓸 수 있기 때문이랍니다. 카카오톡에 있는 친구 목록을 활용하는 API를 공개해 두면, 게임 회사들이 카카오톡 친구들에게 초대 메시지를 보내는 게임을 만들 수 있어요.

　이렇게 어린이 친구들이 자주 사용하는 앱들도 API를 활용해서 만들어집니다. 그리고 이 API의 중요성은 점점 커지고 있습니다. 예전에는 소프트웨어를 각각 이용하는 경우가 많았지만, 요즘은 여러 기기와 소프트웨어를 서로 연결해 쓰는 일이 많거든요.

　여러 앱들이 페이스북이나 카카오톡 같은 소셜 미디어의 API를 이용해 다양한 기능을 만들어 낼 수 있습니다. 통계 자료 같은 '빅데이터'를 가진 정부 기관이나 기업이 자료를 API로 공개할 수도 있어요. 그러면 많은 사람들이 그 데이터를 이용해서 더 많은 정보를 만들어 낼 수 있습니다.

　앞으로는 사물 인터넷(IoT) 시대라고 하는 걸 들어 보았지요? 스마트폰과 컴퓨터만이 아니라 냉장고, TV, 자동차 등 세상의 모든 물건이 인터넷에 접속하고 서로 소통하게 됩니다. 이렇게 수많은 장치들이 서로 쉽게 정보를 주고받으려면 API의 역할이 더 커집니다.

사용자 인터페이스
User Interface, UI

사용자가 컴퓨터 같은 기기를 '사용하는 방식'과, '사용할 때 겪는 환경'을 칭하는 말.

여러분이 학교나 집에서 개인용 컴퓨터를 쓸 때에는 주로 키보드로 글을 입력하거나 마우스로 화면의 원하는 곳을 클릭할 거예요. 스마트폰을 쓸 때에는 손가락으로 화면을 터치해 앱을 실행하고 게임을 하지요.

'컴퓨터'라는 점은 같지만, 책상 위에 놓고 쓰는 개인용 컴퓨터와 들고 다니는 스마트폰은 사용법이 다를 수밖에 없어요. 만약 스마트폰을 쓰기 위해 항상 키보드를 들고 다녀야 한다면 무척 불편하겠죠. 또 책상에 놓인 개인용 컴퓨터의 넓은 모니터를 스마트폰처럼 일일이 터치하려면 꽤나 힘들 거예요.

우리가 스마트폰을 쓸 때에는 손가락으로 밀거나 두드리는 '터치(touch)'로 모든 조작을 합니다. 게임을 하거나, 카메라 앱으로 사진을 꾸미는 것도 모두 손가락으로 조작해요. 하지만 컴퓨터로 숙제를 할 때에는 키보드와 마우스를 사용해야 해요. 모니터는 아무리 눌러도 반응하지 않죠.

이렇게 컴퓨터나 소프트웨어는 그 용도와 기능에 따라 각기 다른 방식으로 쓰게 됩니다. 사람이 컴퓨터나 소프트웨어를 조작하는 방식이나 조작하는 환경을 우리는 '사용자 인터페이스(User Interface, UI)'라고 불러요. 영어로 인터페이스(Interface)는 사물과 사물 사이, 혹은 인간과 사물 사이에서 서로 소통하게 돕는 역할을 하는 것을 말해요. 사용자 인터페이스는 말 그대로 사용자가 기기와 소통하게 돕는 것을 말합니다.

스마트폰의 사용자 인터페이스(UI)는 터치스크린 화면과 손가락 터치로 이루어집니다. 개인용 컴퓨터의 사용자 인터페이스(UI)는 키보드와 마우스, 모니터와 프로그램들의 메뉴 바 같은 것들로 이루어져 있지요. 한글 프로그램의 경우는 '파일',

'편집'과 같이 기능별로 나뉜 메뉴바가 사용자 인터페이스가 됩니다.

컴퓨터의 사용자 인터페이스도 계속 바뀌어 왔어요. 요즘 컴퓨터는 마치 사무실 책상을 컴퓨터로 옮겨 놓은 것 같은 모습입니다. 서류를 서류철에 넣어 책상 위에 두는 것처럼, 디지털 파일을 폴더에 넣어 둡니다. 책상 위에 노트와 계산기, 탁상달력이 놓인 것처럼 컴퓨터 바탕화면에는 워드프로세서와 계산기, 캘린더 프로그램이 있지요. 오늘날 컴퓨터는 이 프로그램들을 나타내는 아이콘을 마우스로 클릭하거나 파일을 끌어와 놓는 방식으로 조작해요. 이것을 그래픽 사용자 인터페이스(Graphical User Interface, GUI) 방식이라고 합니다. 모니터에 그려진 그래픽 이미지들을 클릭하는 식으로 조작하기 때문에 그렇게 부른답니다.

하지만 1990년대 초까지만 해도 대부분의 컴퓨터는 이런 모습이 아니었어요. 빈 화면에 글자로 명령어를 일일이 쳐서 넣어야 했지요. 까만 모니터에 무수한 영어와 글자, 기호들을 입력해서 컴퓨터를 조작했답니다. 때문에 컴퓨터를 작동시키는 명령어를 모두 알아야 했어요. 명령어를 알지 못하면 컴퓨터를 쓰지 못했어요. 그랬던 것을 지금은 모두 이미지로 만들어서 한층 쉽고 편리하게 조작하게 된 것이지요.

1950~1960년대에는 일정한 규칙에 따라 카드에 구멍을 뚫은 '천공 카드'라는 것으로 컴퓨터에 명령을 입력하기도 했답니다. 사용자 인터페이스의 발전이 우리가 컴퓨터를 더 잘 사용하게 되는 데 매우 큰 공헌을 한 셈이지요.

빌 게이츠 vs 스티브 잡스, IT사에 길이 남을 영원한 라이벌이자 친구

여러분에 책상에 놓인 컴퓨터를 보세요. 아마 윈도 운영체제가 깔려 있을 겁니다. 주머니에 든 스마트폰을 꺼내 볼까요? 혹시 아이폰은 아닌가요?

여러분 컴퓨터의 윈도 운영체제와 워드(Word), 엑셀(Excel) 같은 회사 업무용 프로그램, 인터넷할 때 쓰는 인터넷 익스플로러 등은 모두 마이크로소프트(Microsoft)라는 회사가 만들었습니다. 이 회사를 세운 사람이 바로 빌 게이츠(Bill Gates)입니다. 컴퓨터 역사를 이야기할 때 둘째 가라면 서러워할 만큼 공헌을 많이 한 인물이지요.

오늘날 스마트폰의 시대를 연 아이폰(iPhone)을 만든 회사는 애플(Apple)입니다. 애플을 세운 사람이 스티브 잡스(Steve Jobs)입니다. 많은 사람들이 IT 천재를 이야기할 때 스티브 잡스를 가장 먼저 꼽는답니다.

두 사람은 사실 오늘날의 개인용 컴퓨터 산업을 일궜다고 해도 과언이 아닙니다. 스티

스티브 잡스

빌 게이츠

브 잡스는 1976년에 애플을 설립했습니다. 애플은 '애플 II(Apple II)' 컴퓨터를 만들어 가정에서 컴퓨터를 놓고 쓰는 시대를 열었습니다. 잡스는 컴퓨터 하드웨어와 소프트웨어를 모두 직접 만들었습니다.

반면 빌 게이츠는 소프트웨어에 더 초점을 맞췄습니다. 마이크로소프트는 컴퓨터 운영체제(OS)인 MS-DOS와 윈도를 만들었습니다. 컴퓨터 제조사들은 마이크로소프트에서 만든 운영체제를 구입하여 다양한 개인용 컴퓨터를 만들어 냈습니다. 그중에는 고급 컴퓨터도 있었고, 값이 싼 보급형 컴퓨터 제품도 있었죠. 마이크로소프트와 컴퓨터 제조사들이 협력하면서 사람들은 다양한 컴퓨터를 더 싸게 살 수 있었습니다.

최초로 개인용 컴퓨터 산업을 일으킨 회사는 애플이었지만, 개인용 컴퓨터 시장의 지배자가 된 것은 마이크로소프트였습니다. 그 결과 빌 게이츠는 세계 최대의 부자가 되었습니다. 반면 애플은 컴퓨터 시장에서 점점 잊혀지는 회사가 되었습니다.

하지만 애플은 2007년에 아이폰을 내놓으며 컴퓨터 시장에서 부활했습니다. 애플은 최초로 회사가 아닌 개인이 사서 쓸 수 있을 만큼 싸고 간편한 개인용 컴퓨터를 만든 경험이 있었지요. 이번에는 최초로 손에 들고 다니면서 쓸 수 있는 컴퓨터, 즉 스마트폰을 만들어 냈습니다. 그리고 이 스마트폰은 컴퓨터 시장의 대세로 떠오르게 됩니다.

컴퓨터 시장은 이제 '모바일(mobile)'을 중심으로 흘러가고 있어요. 반면 마이크로소프트는 개인용 컴퓨터 사업이 너무 컸기 때문에 모바일 시대에 제대로 대응하지 못했어요. 그래서 지금 세계 최대 IT 기업은 애플이 되었습니다.

빌 게이츠와 스티브 잡스는 1955년에 태어난 동갑내기이면서, 비슷한 시기에 회사를 세워 IT 산업을 이끌었다는 공통점이 있습니다. 그런데 찾아보면 다른 점도 많습니다. 빌 게이츠는 유복한 집안에서 태어난 천재였고, 좋아하는 컴퓨터 사업을 하기 위해 하버드 대학교를 중퇴하고 회사를 창업했습니다. 반면 스티브 잡스는 태어나자마자 입양되어 평범한 가정에서 자랐고, 젊은 시절에 방황을 많이 했습니다.

두 사람 모두 훌륭하지만, 평가는 조금 다릅니다. 스티브 잡스에 대해서는 기능이나 디자인 모두 완벽한 제품을 만드는 데 집중한 예술가라고 평가를 합니다. 반면, 빌 게이츠는 더 많은 사람이 더 부담 없이 컴퓨터를 쓰게 하는 데 힘쓴 비즈니스맨으로 평가하는 편입니다.

마이크로소프트와 애플은 초기에는 서로 협력했지만 나중에는 크게 싸워 라이벌 관계가 됩니다. 아이콘을 마우스로 조작하는 '그래픽 유저 인터페이스(GUI)'를 애플이 먼저 선보여 큰 인기를 얻었는데, 나중에 마이크로소프트가 이것을 모방한 윈도를 내놓았기 때문입니다.

스티브 잡스는 마이크로소프트가 애플을 표절했다며 강하게 비난했습니다. 하지만 사실 GUI나 마우스는 모두 팰로앨토 연구소(PARC)라는 또 다른 미국 기업의 연구소가 맨 처음으로 만든 것입니다. 애플 역시 이것을 보고 제품을 만든 것이죠.

빌 게이츠와 스티브 잡스는 오늘날의 정보화 시대를 연 쌍두마차입니다. 둘은 경쟁자였지만, 만약 한 사람이 없었다면 다른 한 사람도 그렇게 훌륭히 성장할 수 없었을 것입니다. 빌 게이츠는 이제 은퇴해 자선 사업에 집중하고 있습니다. 스티브 잡스는 2011년에 암으로 세상을 떠났지요.

더 알아 두면 좋을 SW 관련 용어들

소스 코드(Source Code)라는 말을 들어 본 적 있나요? 소스 코드는 컴퓨터 소프트웨어를 사람이 읽을 수 있는 프로그래밍 언어로 적은 글을 말합니다. 앞서 설명한 용어를 써서 다시 표현해 보자면, 소스 코드는 프로그램을 알고리즘에 따라 처음부터 끝까지 코딩해 놓은 글을 말합니다. 그 소프트웨어의 모든 것이 담겨 있는 설계도인 셈이지요. 사람이 읽을 수 있는 고급 언어로 소스 코드를 만들어서, 컴파일하면 기계 언어로 번역되어 나옵니다. 이 번역된 기계 언어를 읽어 들이면 컴퓨터가 소프트웨어를 실행할 수 있습니다.

그래서 소프트웨어를 개발한 회사는 소스 코드를 영업 비밀로 보호합니다. 소스 코드를 알면 소프트웨어를 어떤 구조로 어떻게 만들었는지를 다 알 수 있기 때문입니다. 그러면 그 소프트웨어를 복제하는 일도 가능해지겠지요. 무단 복제가 이루어지면 소프트웨어를 개발한 회사는 손해를 입게 됩니다. 그래서 소스 코드를 공개하지 않는 것이지요.

하지만 소스 코드를 모든 사람에게 공개해서 누구나 자유롭게 사용하게 하는 소프트웨어도 있습니다. 이를 **오픈 소스**(Open Source) 소프트웨어라고 합니다.

버그(Bug)는 소프트웨어를 개발하면서 생긴 '오류'를 말합니다. 컴퓨터 프로그램을 사용하거나 게임을 할 때 갑자기 프로그램이 멈추거나 엉뚱한 결과가 나오는 경우가 있지요? 애초에 소프트웨어 설계에 문제가 있었거나, 코딩할 때 무언가 실수를 했다면 이런 일이 생깁니다. 이때 '버그가 있다, 생겼다'는 표현을 쓰지요.

버그라고 부르게 된 유래를 알아볼까요? 1947년 미국의 초기 컴퓨터 중 하나인 '하버드 마크 II(Harvard Mark II)'가 고장을 일으켰습니다. 그 원인을 찾아보니 나방 한 마리가 회로 사이에 끼여 접촉 불량을 일으켰기 때문이었습니다. 그래서 그 후 컴퓨터의 오류를 '벌레'라는 뜻의 영어 '버그(bug)'라고 부르게 되었다고 합니다.

이처럼 프로그램에 버그가 생겨 오류를 일으키지 않도록 소프트웨어를 잘 살펴보는 것이 중요하겠죠. 그렇지 않으면 나중에 소프트웨어 오류 때문에 큰 문제가 일어날 수 있습니다. 그래서 소프트웨어의 버그를 찾아 고치는 일을 '디버그(Debug)'라고 합니다. 마치 시험 답안지를 제출하기 전에 다시 한 번 답을 확인하는 것과 비슷한 일이지요. 디버그는 소프트웨어 개발의 중요한 과정입니다. 이것만 전담하는 직종도 있답니다. 이것을 Q/A(Quality Assurance) 업무라고 부릅니다. 다만 디버그는 소프트웨어 개발 마무리 단계에서 잘못된 부분이 있는지를 테스트하는 것이고, Q/A는 개발 과정 전체에 걸쳐 문제나 잘못이 없는지를 검증하는 일을 합니다.

오픈 소스 소프트웨어
Open Source Software

자신의 소스 코드를 공개해 누구나 그것을 참고하고
개선시킬 수 있도록 한 소프트웨어.

오픈 소스 소프트웨어란 소프트웨어의 설계도인 소스 코드를 일반인들에게 공개한 소프트웨어를 말합니다.

소스 코드에는 그 소프트웨어의 핵심이자 모든 것이 담겨 있습니다. 그래서 소프트웨어를 만들어 파는 기업은 보통 이 소스 코드를 비밀로 합니다. 다른 사람이 소스 코드를 베껴서 똑같은 소프트웨어를 만들어 팔 수 있기 때문이죠.

반면 오픈 소스 소프트웨어는 소스 코드를 공개해 놓았습니다. 그 덕분에 소스 코드를 누구나 볼 수 있고, 자신에 맞게 고쳐 쓸 수 있지요. 다른 개발자들이 아이디어와 기능을 더해 더 좋은 소프트웨어를 만들 수 있습니다. 규모가 큰 오픈 소스 소프트웨어에는 세계 각지의 개발자들이 참여하기도 합니다.

<u>오픈 소스 소프트웨어의 대표적인 예로는 리눅스(Linux)나 안드로이드(Android)가 있습니다.</u> '리눅스'는 1990년대 초반, 핀란드 헬싱키 공과대학 학생인 '리누스 토발즈(Linus Torvalds)'가 만들어 공개한 운영체제입니다. 그러다 전 세계의 개발자들이 리눅스 개발에 참여하면서 점점 성능이 개선되었지요. 그 결과, 리눅스는 지금 서버 컴퓨터에서는 가장 많이 쓰이는 운영체제 중 하나입니다.

한편 '구글'은 자신들이 개발한 스마트폰 운영체제 '안드로이드'를 오픈 소스로 풀었습니다. 그래서 삼성전자 같은 휴대폰 제조사도 안드로이드를 운영체제로 삼고, 필요에 따라 고쳐 가며 사용합니다.

이 오픈 소스 소프트웨어의 중요성은 점점 커지고 있습니다. <u>바로 참여와 소통의 힘 덕분입니다.</u> 한 회사 안에서 폐쇄적으로 소프트웨어를 개발하는 것보다는, 오픈 소스로 풀면 많은 사람들이 스스로 참여해 더 좋은 소프트웨어를 만들어 내는 경우가 많습니다. 그리고 그 편이 더 효율적이지요.

더구나 요즘은 빅데이터나 인공지능을 처리하는 소프트웨어를 만들어야 합니다. 이것을 다 처리하는 소프트웨어를 만들기에는 한 회사나 한 조직의 힘만으로는 벅찹니다. 많은 사람들의 참여가 반드시 필요하지요. 또 스마트폰, 웨어러블 기기(Wearable Device), 사물 인터넷 등 수많은 기기가 서로 소통하게 만들어야 하는데, 이 역시 한두 회사의 힘만으로 만들 수 없습니다.

그래서 요즘은 더 많은 소프트웨어 개발자들이 오픈 소스 프로젝트에 참여하고 있습니다. 소프트웨어 전문 기업들도 오픈 소스 소프트웨어를 만드는 활동을 더 많이 지원하고 있지요.

오픈 소스를 활용해 새로운 소프트웨어를 만든 사람은 자기도 소프트웨어를 모든 사람에게 오픈 소스로 공개해야 한답니다.

그런데 궁금한 점이 하나 생깁니다. 이렇게 무료로 소스 코드를 공개해 버리면, 돈은 어떻게 벌까요? 소프트웨어를 팔아야 할 텐데 사용자들이 소스 코드를 보고 각자 만들어 쓸 수 있지 않을까요? 오픈 소스 소프트웨어를 만드는 회사들은 이 소프트웨어를 사용하는 회사들이 더 편리하게 쓸 수 있도록 기술을 지원하며 이익을 얻습니다. 또한 오픈 소스 소프트웨어의 기본 기능은 무료로 쓰되 몇몇 특수 기능은 돈을 받고 팔기도 합니다.

블로그를 만들 때 쓰는 소프트웨어인 '워드프레스(Wordpress)'가 대표적인 예입니다. 워드프레스는 누구나 쉽게 다양한 기능과 디자인을 지닌 블로그를 만들 수 있게 해 줍니다. 2003년 당시 19살의 대학생이던 매트 뮬렌웨그(Matt Mullenweg)가 워드프레스를 만들었습니다. 그리고 자기가 만든 워드프레스를 돈 한 푼 받지 않고 오픈 소스로 공개했습니다. 매트 뮬렌웨그 역시 인터넷에서 공짜로 소프트웨어를 만드는 법을 배웠기 때문입니다.

그래서 어떻게 됐냐고요? 오늘날 세계 웹 페이지 4분의 1 이상이 워드프레스로 만들어질 정도로 큰 성공을 거뒀습니다. 많은 사람들이 블로그에 들어가는 수많은 기능을 직접 만들어 공유했습니다. 그 결과 워드프레스는 세상에서 가장 편리하고 기능이 많은 블로그 소프트웨어가 됐지요. 매트 뮬렌웨그의 회사는 워드프레스로 블로그나 웹사이트를 만들고 싶어하는 기업이나 기관을 위해 대신 블로그와 웹사이트를 만들며 돈을 법니다. 또한 그렇게 만든 블로그를 관리하는 일을 해 주면서도 돈을 번답니다.

소프트웨어 교육 및
직업 세계를 알려 주는
용어들

> 디지털
> 어휘력 상승
> **3단계**

컴퓨터 과학 기술을 배우면 어떤 일을 할 수 있을까?

이제, 학교 수업에서도 소프트웨어에 대해 배우게 되었습니다. 그리고 미래 세상은 눈에 보이지 않는 소프트웨어 기술 중심으로 흐르게 될 것입니다. 지금도 정보통신 기술이 세상을 움직이고 있다고 해도 과언이 아닙니다.

이처럼 미래를 이끌고 원하는 것을 만들기 위해 소프트웨어를 배우고 싶은데 어떻게 하면 좋을까요? 소프트웨어를 전문적으로 다루는 직업 세계에는 어떤 직종들이

있을까요?
소프트웨어를 처음 접할 때 무엇을 배우면 좋을지, 소프트웨어와 코딩을 잘하려면 어떻게 해야 하는지도 궁금할 것입니다. 그래서 이번에는 소프트웨어를 처음 배우는 어린이들이 코딩의 원리를 쉽게 깨우칠 수 있게 도와주는 용어들을 소개합니다. 또 소프트웨어와 관련된 직업은 무엇이 있고, 어떤 일들을 하는지에 대한 용어도 알려 줍니다.

컴퓨팅사고
Computational Thinking

컴퓨터가 이해할 수 있게 문제를 정의하고,
컴퓨터가 해결하는 방식으로 생각하는 것.

우리는 컴퓨터로 우리가 원하는 일을 수행하고, 복잡한 문제들을 해결하기를 바랍니다. 그 방법이 앞서 살펴본 알고리즘과 코딩입니다. 알고리즘은 복잡한 문제를 여러 개의 단순 과정으로 분해하고, 그 과정에 따라 문제를 해결해 나가도록 표현한 것입니다. 그리고 코딩은 그 알고리즘을 실제로 컴퓨터가 실행할 수 있도록 컴퓨터의 말로 옮기는 것을 말합니다.

이렇게 컴퓨터가 일하는 방식처럼 문제를 정의하고, 과정을 분류하고, 생각하는 것을 '컴퓨팅 사고(Computational Thinking)'라고 해요. 컴퓨팅 사고는 앞서 설명한 알고리즘 만들기와 비슷합니다. 알고리즘을 만들 때 제일 먼저 할 일은 해결할 과제를 명확하게 정의하는 것입니다(문제 정의). 그리고 과제를 되도록 작은 요소들로 나눕니다(문제 분해). 그리고 거기서 일정하게 반복되는 패턴을 찾습니다(패턴 찾기).

알고리즘을 설명하며 예로 들었던 버스 카드 문제를 다시 생각해 볼까요? 이번에는 승객의 나이에 따라 다른 요금을 받고, 거기에 더해 어떤 나이대의 사람들이 언제 버스를 주로 타는지를 파악해 보려 합니다. 그럼으로써 버스 운행을 더 효율적으로 하는 방법을 찾으려고 합니다. 그럼 이렇게 되겠지요.

문제의 정의 ➡ 나이에 따라 다른 요금을 받고, 이용 시간을 파악한다.

문제 분해 ➡ 6세 이하, 6-20세 사이, 20세 이상 등으로 나이 구분한다. 아침 7-9시 출근 시간, 12시 전후 점심시간, 3-5시 오후 시간, 6-8시 퇴근 시간 등으로 이용 시간대를 구분한다.

패턴 찾기 ➡ 버스 카드를 찍으며 얻은 나이 정보와 승차 시간 정보를 분석해서 특정 연령대 사람들이 버스를 많이 타는 시간을 파악한다.

이를 바탕으로 문제를 쉽게 이해할 수 있는 '공통의 틀'로 나타냅니다. 이 과정들을 거쳐 알고리즘을 만들게 됩니다.

이렇게 컴퓨터가 손쉽게 일을 해내도록 알고리즘을 만드는 논리적인 사고방식이 컴퓨팅 사고의 기초입니다. 이런 사고방식을 알고리즘뿐 아니라 일상의 다른 영역에도 적용해 볼 수 있어요. 논리적인 방식으로 문제를 해결하는 과정을 순서대로 만들고 더 좋은 결과를 내는 것이 컴퓨팅 사고이거든요.

다시 말해, 컴퓨팅 사고의 핵심은 컴퓨터가 이해할 수 있게 문제를 정의하고, 풀이 과정을 작은 단위로 나누어 해결 방법을 생각해 내는 것입니다. 그런 다음, 코딩을 통해 이 내용을 프로그램으로 옮기면 컴퓨터에게 일을 시킬 수 있게 됩니다.

이런 생각을 거쳐서 예전에는 불가능했던 수많은 일들을 이제는 컴퓨터로 할 수 있게 되었어요. 예를 들어 생물학자들은 단백질의 구조를 밝히는 데 컴퓨팅 사고를 적용할 수 있답니다. 단백질의 구조를 알아야 단백질의 기능을 더 잘 알 수 있게 됩니다. 그런데 단백질은 종류가 많고 모양도 제각각입니다. 그냥 관찰로는 구조를 파악하기 어렵습니다. 그리하여 컴퓨터로 우선 여러 단백질의 모양에 대한 방대한 데이터를 모읍니다. 얼핏 보기에는 모양들 사이에 규칙이 없어 보입니다. 하지만 다양한 모양들의 특징을 작은 단위로 쪼개 봅니다. 이렇게 모양들을 작게 쪼개 분석하면 그냥 관찰했을 때는 볼 수 없던 패턴을 찾아낼 수도 있습니다.

또한, 문학을 연구하는 사람들은 컴퓨팅 사고를 이렇게 이용할 수도 있어요. 어떤 작가의 작품들 속에 어떤 단어나, 표현들이 많이 쓰였는지 분석해서 작품을 새롭게 이해하는 것이지요. 엄청나게 많고 무질서한 데이터 사이에서 공통된 패턴을 찾는 컴퓨팅 사고와, 방대한 데이터를 수집하고 빠르게 분석할 수 있는 컴퓨터의 능력이 합쳐지면 이런 연구가 가능해진답니다. 컴퓨터와 별 상관없어 보이는 학문에서도 이미 컴퓨팅 사고를 받아들이고 있습니다.

중요한 건 컴퓨팅 사고는 코딩과는 다르다는 점이예요. 컴퓨팅 사고는 논리적으로 생각해 효과적으로 문제를 해결하는 법을 익히는 것이죠. 이런 사고 능력은 앞으로 컴퓨터를 적극적으로 활용해야 하는 세상에서 더욱 중요해질 것입니다.

오늘날 우리는 컴퓨터를 활용해 예전에는 상상할 수 없던 일을 할 수 있어요. 하지만 컴퓨터가 해내는 일을 하던 사람은 자신의 직업을 컴퓨터에게 빼앗길 수도 있게 된 것이지요. 컴퓨터에게 밀리지 않고, 컴퓨터를 잘 활용하는 사람이 되려면 컴퓨터에게 무엇을 어떻게 시킬지 알아야 해요. 그 기본이 바로 컴퓨팅 사고입니다.

컴퓨팅 사고는 앞으로 읽기, 쓰기, 셈하기처럼 모든 학생들이 꼭 배워야 하는 기본 소양이 될 거예요. 컴퓨팅 사고는 생각하는 방법이고, 코딩은 그 생각을 현실로 옮기는 수단이 되는 것이죠.

스크래치
Scratch

기초 명령어가 쓰인 블록을 배치하는 것으로 쉽게 코딩을 해 보고,
결과물을 바로 확인하여 코딩의 기본 개념을 익힐 수 있는 교육용 프로그래밍 언어.

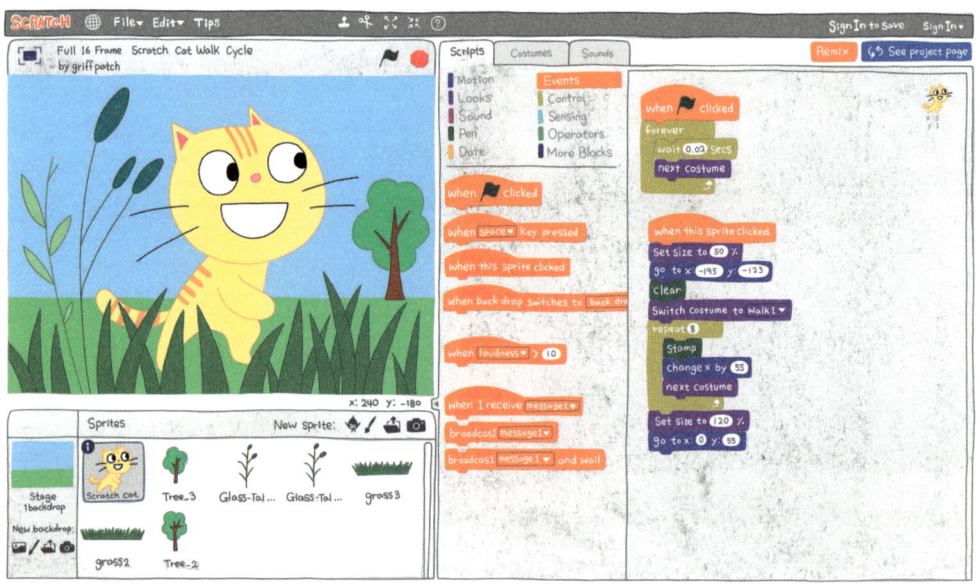

스크래치는 코딩의 기본 원리를 익힐 수 있는 교육용 프로그래밍 언어입니다. 앞서 프로그래밍을 할 때는 사용하는 프로그램 언어의 규칙에 따라 글자로 된 명령어를 입력해서 코딩한다고 했지요? 하지만 스크래치는 일일이 명령어를 입력할 필요

가 없답니다. 스크래치는 레고 블록을 조립하듯이 명령어가 쓰인 블록들을 마우스로 끌어다 배치하기만 하면 됩니다. 블록을 쌓는 것이 곧 코딩 작업인 셈이지요. 코딩을 마치고 곧바로 실행해 볼 수도 있어요. 실행하면 캐릭터의 움직임을 보고 코딩 결과를 확인할 수 있습니다.

스크래치를 실행하면 왼쪽 아래위로 2개, 오른쪽 1개 등 창 화면 3개가 나타납니다. 오른쪽은 코딩을 하는 창입니다. 창의 왼쪽에는 여러 블록들이 있고 거기에는 '10걸음 전진', '오른쪽으로 15도 회전', '만약 ~하면 ~한다' 같은 명령어와 조건이 적힌 블록들이 놓여 있습니다. 이 블록을 마우스로 창 오른쪽 빈 곳에 끌어다 놓습니다. 이렇게 놓인 블록들이 바로 코드가 됩니다.

왼쪽 위 화면은 실행창입니다. 오른쪽에 배치된 블록의 명령에 따라 '스프라이트(Sprite)'라 불리는 여러 캐릭터가 움직입니다. 왼쪽 아래 창에는 여러 스프라이트들이 있습니다. 이중 하나를 선택해 '블록을 쌓는 코딩'으로 그 움직임을 '프로그래밍합니다'. 스프라이트는 기본 캐릭터를 사용해도 되고, 원하는 이미지를 가져오거나 직접 만들어도 됩니다.

스크래치는 2003년 미국 MIT 대학의 연구소 '미디어랩(Media Lab)'에서 미첼 레스닉(Mitchel Resnick) 교수가 중심이 되어 처음 만들었습니다. 이후 스크래치는 인근 지역 저소득층 학생들에게 컴퓨터를 가르쳐 주는 방과후학교인 '컴퓨터 클럽하우스'에서 쓰이며 더욱 발전해 나갔습니다. 레스닉 교수는 1993년 컴퓨터 클럽하우스를 설립하는 데도 참여했어요. 컴퓨터 클럽하우스에서 강사와 학생들이 스크래치로 코딩을 배우며 많은 대화를 주고받았습니다. 그리고 이를 토대로 스크래치를 더 발전시킬 수 있었지요.

이후 스크래치는 영국으로 건너갔습니다. 2012년부터 영국 전역에서 열리는 방과후 컴퓨터 교실인 '코드 클럽'에서 널리 쓰이면서 더욱 인기를 끌었습니다.

스크래치는 누구나 무료로 사용할 수 있습니다. 스크래치 홈페이지(http://scratch.mit.edu)에 접속해 다운로드하거나 웹에서 바로 실행할 수 있습니다. 다른 사람들이 스크래치로 만든 프로젝트를 둘러보거나 내가 만든 프로젝트를 공유할 수도 있답니다.

아두이노
Arduino

다양한 스위치나 센서로 정보를 받아들이고, 간단한 코딩을 해서 LED나 모터 같은 전자 장치로 출력하는 부품 형태의 컴퓨터.

아두이노는 회로 부품 형태의 아주 간단한 컴퓨터입니다. 아두이노에 외부 환경의 신호를 감지하는 여러 센서(Sensor)를 달면 신호를 받아들일 수 있습니다. 그런 다음, 간단한 코딩으로 이렇게 들어온 신호를 원하는 형태로 출력할 수 있습니다.

예를 들어 온도를 측정하는 센서를 달고, 온도가 25도 이상이 되면 LED에 불이 켜지도록 프로그래밍할 수 있습니다. 또한 먼지 측정 센서를 설치한 후, 먼지 농도가 기준 이상으로 오르면 소리가 나게 할 수도 있죠. 이렇게 아두이노로, 주변 환경의 신호를 받아들여 외부 환경과 상호작용하는 장치를 만들어 낼 수 있습니다.

아두이노는 하드웨어인 마이크로컨트롤러 기판, 그리고 관련 소프트웨어 개발 환경으로 이루어져 있습니다. 마이크로컨트롤러는 센서가 받아들이는 신호를 처리하는 '마이크로프로세서'와 '입출력 기능의 부품들'을 하나의 반도체 칩으로 만든 작은 컴퓨터입니다. 이 마이크로컨트롤러 기판에 센서와 같은 입력 장치와 LED 등 출력 장치를 꽂아 쉽게 연결할 수 있습니다.

아두이노를 활용하려면 코딩 작업도 중요합니다. 코딩 작업을 하려면, 아두이노 프로그램을 컴퓨터에 다운로드해야 합니다. 컴퓨터에서 코드를 짠 후 USB 케이블로 컴퓨터와 아두이노 기판을 연결합니다. 그러면 내가 코드로 짠 프로그램이 아두이노에 실립니다(upload). 그렇게 해서 내가 짠 프로그램대로 아두이노 기기가 작동하는 것입니다.

아두이노는 이처럼 간단한 장치와 소프트웨어로 돌아가는 컴퓨터입니다. 하지만 여러 가지 응용이 가능합니다. 게다가 오픈 소스 방식이라 누구나 필요한 대로 하드웨어와 소프트웨어를 바꿀 수 있습니다. 거기다가 값도 싸지요.

그래서 초보자는 아두이노를 쉽게 사용해 볼 수 있고, 전문가는 복잡한 기능을 가진 장치도 만들 수 있습니다. 센서와 부품, 코딩을 잘만 활용한다면 무한대에 가깝게 활용할 수도 있습니다.

아두이노에 대기오염을 감지하는 센서를 연결하고 공기의 질이 어느 정도로 나빠지면 스마트폰 알림을 울리게 하는 것도 가능하지요. 아파트 난방 파이프에 온도 센서를 붙이고 온도 변화에 따라 밸브를 조정해 난방비를 아끼는 공사를 한 경우도 있었어요. 센서에서 들어오는 온도 정보를 분석하고 밸브를 여닫는 작업을 아두이노가 한 것이죠.

특히 자신만의 아이디어로 스스로 필요한 물건을 만들어 내는 사람들, 일명 '메이커'들이 아두이노를 매우 유용하게 쓰고 있습니다. 보통 사람들도 손쉽게 싼 비용으로 자기가 원하는 대로 물건을 만들 수 있게 해 주는 것이 아두이노입니다.

아두이노는 2005년 이탈리아의 인터랙션 디자인 전문학교(IDII)의 마시모 반지(Massimo Banzi) 교수와 데이비드 쿠아르티에예스(David Cuartielles) 교수가 처음 만들었습니다. 이들은 전자공학에 대한 지식이 없는 사람도 쉽게 다룰 수 있는 마이크로콘트롤러 기판을 만드는 게 목표였다고 합니다.

우리나라와 세계의 소프트웨어 교육

우리나라도 2018년부터 교육 과정에 소프트웨어 교육이 정식으로 들어갑니다. 사실 학생들은 워드프로세서나 파워포인트 같은 프로그램을 활용하는 법을 이미 학교에서 많이 배우고 있지요. 이번 교육 과정의 핵심은 컴퓨팅 사고를 기초로 문제 해결 능력을 키우는 데 초점을 맞추었습니다. '컴퓨팅 사고력을 갖춘 창의·융합 인재' 양성이 목표입니다. 코딩을 잘하는지를 평가하는 것은 아니랍니다. 스스로 문제를 발견하고 해결책을 찾아내는 능력을 기르려는 것이지요.

초등학교에서는 2019년부터 소프트웨어 교육을 시작합니다. 실과 과목 안에 소프트웨어 기초 교육이 17시간 이상 들어갑니다. 컴퓨팅 사고를 이해하고 생활에 적용하는 것이 목표입니다. 문제 해결 과정과 알고리즘 체험, 간단한 프로그래밍을 해 보는 것이 중심입니다.

중학교에서는 2018년부터 소프트웨어 교육을 시작합니다. 컴퓨팅 사고로 문제를 해결하고 간단한 알고리즘 및 프로그래밍 개발 등을 배웁니다. 중학교에 가면 진로와 적성을 미리 알아보기 위해 자유학기제로 1학기를 배운답니다. 이때 소프트웨어 분야의 진로 교육이 폭넓게 들어갑니다. KAIST, 고려대, 서강대 등 14개 대학교는 소프트웨어에 관심과 재능이 있는 학생을 선발하는 '소프트웨어 중심 대학' 제도를 운영하고 있어요.

학생들에게 소프트웨어를 가르치려는 건 우리나라만이 아닙니다. 미국은 2011년 'K-12 컴퓨터 과학 표준'을 제정하고 학교에서 컴퓨팅 사고와 컴퓨터 과학을 가르치고 있어요. 영국은 2013년 컴퓨터 과학 커리큘럼을 마련했어요. 구글 같은 주요 IT 기업들이 후원하는 방과 후 소프트웨어 교육 프로그램인 '코드 클럽'을 정규 교과 과정으로 채택했답니다. 에스토니아는 2012년부터 초중등학생에게 프로그래밍 교육을 하고 있어요.

세계 여러 나라에서 이처럼 소프트웨어 교육을 실시하는 이유는 무엇일까요? 바로 소프트웨어와 코딩이 미래 사회를 살아가는 데 가장 필요한 소양 중 하나이기 때문입니다. 꼭 코딩을 전문 개발자처럼 잘해야 하는 것은 아닙니다. 논리적으로 생각하는 방법을 익혀 문제를 해결하는 방식을 배우는 것이죠. 또 컴퓨터로 이 같은 과정을 체험하며 자신감을 기르는 것도 중요합니다.

스크래치와 아두이노 말고도 더 배우고 싶다면…

스크래치나 아두이노는 코딩과 컴퓨터의 세계에 들어가는 첫 관문인 셈입니다. 기초부터 차근차근 배울 수 있고, 활용하기에 따라 수준 높은 응용도 할 수 있는 도구입니다. 하지만 그렇다고 해서 꼭 스크래치와 아두이노만 배우라는 법은 없지요. 그 외에도 재미있고 좋은 도구들은 많이 있답니다.

스크래치와 비슷한 블록 코딩 언어로 '엔트리(Entry)'가 있습니다. 미국에서 나온 스크래치와 달리, 엔트리는 우리나라에서 나온 코딩 언어입니다. 명령어가 적힌 블록을 배치해 애니메이션을 만들며 코딩의 원리를 배운다는 점에서는 두 언어는 비슷합니다. 프로젝트를 만들고 이것을 공유할 수 있다는 점도 비슷합니다. 하지만 엔트리는 모바일 기기에서도 사용할 수 있습니다. 또 선생님과 함께하며, 배우는 기능이 더 많아 선생님이 엔트리로 강의를 만들어 학생들에게 보여 줄 수도 있답니다. 우리나라 환경에 맞춰 선생님과 친구들과 함께 코딩을 배우기 좋은 언어입니다.

코딩 첫 걸음을 좀 더 재미있게 시작하고 싶다면 code.org라는 웹사이트를 방문해 보세요. 페이스북, 마이크로소프트, 아마존 등 세계의 주요 IT 기업들이 어린이 코딩 교육을 위해 함께 만든 사

이트랍니다. 마인크래프트, 스타워즈, 겨울왕국 같은 인기 캐릭터로 코딩의 기초를 무료로 배울 수 있습니다. 페이스북의 대표 마크 저커버그와 같은 IT 업계 유명인사들이 어린 시절에 어떻게 코딩을 접했는지를 직접 이야기하는 동영상도 볼 수 있어요.

아두이노 말고, 색다른 하드웨어를 다루고 싶다면 '**레고 마인드스톰(Lego Mindstorm)**'은 어떨까요? 마인드스톰은 블록 장난감 회사인 '레고'에서 만들었습니다. 블록을 조립해 로봇을 만들고 코딩을 해서 움직임을 조종할 수 있어요. 값이 비싼 것이 단점입니다.

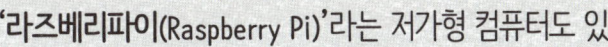

'**라즈베리파이(Raspberry Pi)**'라는 저가형 컴퓨터도 있습니다. 영국의 라즈베리파이재단에서 개발도상국에 컴퓨터를 보급하고, 누구나 쉽게 컴퓨터를 체험해 보게 하려고 만들었습니다. 라즈베리파이는 신용카드 크기의 기판에 컴퓨터 프로세서와 램 메모리, USB 포트 등이 들어 있습니다. 가격은 5달러 안팎입니다. 기능은 일반 컴퓨터와 비교할 수 없이 단순하지만 가격이 싸고 다양한 용도로 응용할 수 있어 관심을 끌고 있습니다.

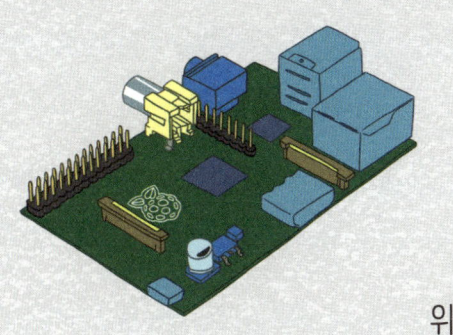

라즈베리파이 컴퓨터를 가정의 난방이나 조명, 각종 스마트 기기를 조정하는 스마트홈 전용 컴퓨터로 사용할 수도 있습니다. 라즈베리파이로 간단한 스마트폰이나 게임기를 만드는 등 활용 범위는 무궁무진합니다.

메이커 운동이란?

메이커 운동(Maker Movement)이란 공장에서나 만들 수 있던 물건들을 사람들이 스스로 만들어 쓰는 활동을 말합니다. 과거에도 직접 가구를 만들거나 집을 수리하고, 자동차를 고치는 사람들이 있었습니다. 메이커는 이뿐만이 아니라 전자 부품이나 회로, 소프트웨어 등을 활용해 새 물건을 만들어 내는 사람을 말해요.

요즘은 쉽게 사용할 수 있는 프로그래밍 언어나 소프트웨어 도구가 많아졌습니다. 그런 도구로 만들어 낸 나만의 소프트웨어를 구글 플레이나 애플 앱스토어에서 쉽게 팔 수도 있습니다. 인터넷에서 찾아볼 수 있는 정보도 많고요. 이에 따라 소프트웨어 기업에서 일하지 않아도 개인적으로, 혹은 몇몇이 힘을 모아 소프트웨어나 게임을 만들고 팔 수 있습니다.

비슷한 일이 하드웨어 분야에서도 일어나고 있습니다. 요즘은 각종 부품이나 센서를 싸게 구할 수 있습니다. 중국에서 만든 부품을 인터넷 쇼핑몰에서 주문해 집에서 받아 볼 수 있습니다. 컴퓨터 디자인 프로그램으로 물건을 디자인하여 3D 프린터로도 직접 뽑아 볼 수 있습니다. 공장 시설이 없어도 시제품을 수시로 만들어 볼 수 있습니다. 그 덕택에 생산 비용이 훨씬 줄어듭니다. 시제품을 만들어 잘 팔리겠다는 확신이 생기면 그때 대량으로 생산할 수 있게 된 거죠.

또한 아두이노, 라즈베리파이 같은 값싼 컴퓨터도 나오고 있습니다. 즉 내가 원하는 물건을 직접 만들고, 거기에 필요하면 값싼 컴퓨터나 부품에 내가 원하는 기능을 코딩해 넣을 수 있습니다. 만드는 과정에서 모르는 부분은 인터넷에서 정보를 얻을 수 있습니다. 여럿이 함께 만들거나 자금을 지원할 사람도 찾을 수 있어요. 마치 오픈 소스 소프트웨어가 여러 사람의 의견을 받아 더 좋은 소프트웨어가 되듯이, 메이커들도 여러 사람의 아이디어를 받아 더 좋은 물건을 만들 수 있습니다.

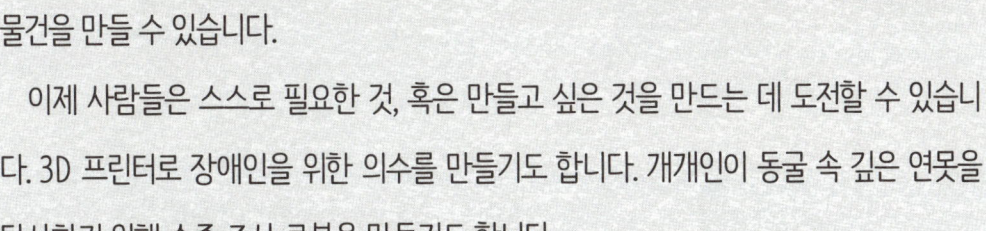

이제 사람들은 스스로 필요한 것, 혹은 만들고 싶은 것을 만드는 데 도전할 수 있습니다. 3D 프린터로 장애인을 위한 의수를 만들기도 합니다. 개개인이 동굴 속 깊은 연못을 탐사하기 위해 수중 조사 로봇을 만들기도 합니다.

사람에게는 도구를 쓰고, 무엇인가를 만들려는 본성이 있습니다. 그래서 '도구의 인간'이라고도 부르죠. 하지만 대량 생산된 제품을 주로 쓰면서 우리는 스스로 무언가 만드는 일이 드물게 되었습니다. 메이커 운동은 이런 즐거움을 되찾게 해 줍니다. 운이 좋으면 이렇게 만든 물건 중 일부는 사업으로 성장할 수도 있습니다. 무엇보다 만드는 과정을 통해 더 많은 아이디어가 탄생하게 됩니다. 이것을 현실에 적용하다 보면 더 좋은 물건이 세상에 나올 수 있게 됩니다.

서비스 기획자
Product Manager

인터넷이나 모바일에서 쓰이는 서비스를 구상하고
운영 방안을 계획하는 사람.

우리는 컴퓨터로 인터넷을 하고, 스마트폰으로 앱을 쓰면서 많은 서비스를 이용합니다. 구글에서 검색해 자료를 찾고, 유튜브에서 재미있는 동영상을 봅니다. 카카오톡으로 친구와 대화를 하고, 셀카를 찍어 사진을 꾸밉니다.

이처럼 사람들은 원하는 기능이나 정보, 즐거움을 여러 웹사이트나 모바일 앱을 사용하면서 얻습니다. 이런 웹사이트나 모바일 앱을 구상하고, 가장 사용하기 쉽고 편리한 형태의 서비스를 기획하는 일을 하는 사람들이 있습니다. 이들을 '서비스 기획자'라고 합니다.

예를 들어 인터넷으로 웹툰을 본다고 해 봅시다. 요즘에는 인터넷으로 만화를 보는 것이 일상적이지만, 예전에는 만화방에 가야 만화를 볼 수 있었어요. "인터넷에서 언제 어느 때고 만화를 볼 수 있으면 어떨까?"라는 아이디어를 처음 떠올리는 것에서 '웹툰' 서비스 기획이 시작됩니다.

다음에는 어떤 독자를 주 대상으로 할지, 그러려면 어떤 만화가를 섭외해 어떤 내용의 만화를 올려야 할지도 생각해야겠죠. 초등학생을 주 독자로 한다면 그에 맞는 작가와 작품을 선택해야 합니다.

웹툰 사이트의 모양도 생각해야 합니다. 여러 만화들을 어떻게 보여 줄지도 정해야 합니다. 장르별로 구분할지, 작가별로 구분할지, 혹은 작품이 게시되는 요일에 따라 구분할지 정해야 하지요. 이용자가 처음 사이트에 접속해서 어떻게 만화를 골라 보고, 이후에 다른 만화로 어떻게 이동하게 할지도 생각해야 합니다. 이런 과정을 어떻게 하면 더 편하고 자연스럽게 만들 수 있을지도 생각해야 합니다. 앞서 이야기한 사용자 인터페이스(이를 테면, 사용자가 스마트폰이나 컴퓨터로 웹툰을 보면서 조작하는 방식과 경험 모두)를 전반적으로 살펴봐야 합니다.

서비스 기획자는 이런 문제들을 놓고 실제로 사이트를 만드는 개발자, 사이트의 디자인과 외양 등을 담당하는 디자이너와 수시로 대화해야 합니다. 그러면서 그들과 함께 웹툰 서비스를 발전시켜 나가지요. 웹툰 서비스를 제공하는 사이트나 앱이 만들어진 후에도 사용자 반응을 계속 관찰해야 합니다. 그럼으로써 사용자의 의견을 받아들여 서비스를 개선해 나가는 것도 서비스 기획자의 일입니다.

인터넷 서비스 기획자가 되려면 사람들의 마음과, 세상의 변화를 잘 읽을 줄 알아야 합니다. 그리고 사람들이 좋아하고 필요로 하는 서비스에 대한 아이디어를 내야 해요. 모바일 앱 서비스 기획자는 개인용 컴퓨터에서는 할 수 없었지만 휴대폰으로는 할 수 있는 일들은 뭐가 있을지 고민해야 합니다. 이를테면 택시를 앱으로 부르는 일 같은 아이디어를 내고 실행에 옮겨야겠죠.

서비스 기획자는 사람과 사회를 잘 관찰해 무엇이 필요할지를 고민하기 때문에 인문학적 직업이라고도 할 수 있습니다. 하지만 해외에서는 개발자가 기획자의 역할을 겸하는 경우도 많아요. 기획한 아이디어를 실제로 만들어 내는 방법을 더 잘 찾을 수 있기 때문이에요. 그렇기 때문에 기획자도 코딩을 할 줄 알면 기획 일에 더 도움이 될 것입니다. 만들고 싶은 서비스가 있을 때 직접 기획하고 실행할 수도 있겠죠. 앞으로 기획과 개발은 점점 하나로 합쳐질 전망입니다.

소프트웨어 개발자
Software Developer

프로그래밍과 코딩 작업으로
실제 소프트웨어와 웹 서비스를 만드는 사람.

소프트웨어 개발자는 컴퓨터 소프트웨어나 프로그램을 만드는 일을 하는 사람을 말합니다. 실제 코딩뿐 아니라, 소프트웨어의 얼개를 짜서 설계하거나, 전반적인 개발 과정을 관리하는 역할을 하기도 합니다.

소프트웨어 개발자는 프로그래머와 비슷한 말입니다. 다만 프로그래머가 실제 코딩을 주로 하는 사람을 말한다면 소프트웨어 개발자는 코딩 외에도 기획이나 설계 등 소프트웨어 개발의 주요 단계에 참여할 수 있다는 의미가 있습니다.

이제는 IT 산업뿐 아니라 모든 분야에도 IT 기술이 접목되어 가고 있습니다. 그와 동시에 소프트웨어 개발자의 중요성은 계속 커지고 있습니다. 소프트웨어 기술을 접목해 지금까지 하던 일의 생산성을 크게 높일 수 있기 때문입니다.

예를 들어 볼까요? 동네 시장에 가게를 열면 그 동네에서만 물건을 팔 수 있습니다. 하지만, 온라인 쇼핑몰을 열면 전 세계를 대상으로 물건을 팔 수 있습니다. 만약 회사의 회계 업무를 주판과 계산기로만 한다면 경리 직원들은 매일 밤을 새도 일을 마치기 어려울 것입니다. 하지만 엑셀과 여러 업무용 소프트웨어가 있어 업무가 훨씬 간단해졌습니다.

예전에는 외국에 있는 가족이나 친구와 대화하려면 비싼 국제 전화비를 내야 했습니다. 하지만, 요즘은 페이스북이나 메신저로 언제든 무료로 전화 연락을 할 수 있습니다. 이처럼 우리 생활 전반에 IT 기술이 들어가서 이용되고 있습니다.

요즘 같은 디지털 시대에는 소프트웨어 개발자들이야말로 세상을 바꿀 가능성이 가장 큽니다. 자동차를 위한 자율주행 소프트웨어를 만들면 눈이 안 보이는 사람도 쉽게 자동차를 타고 이동할 수 있습니다. 훌륭한 선생님의 강의를 인터넷 동영상으로 보고, 언제든 선생님과 다른 학생들과 인터넷으로 토론하는 교육 서비스를 만들면 어떨까요? 교육을 받을 기회가 적은 나라의 어린이도 좋은 교육을 받을 수 있게 됩니다. 이러한 일들이 불러오는 변화는 세상을 바꿀 만큼 위력적입니다.

게다가 개발자는 코딩을 하고 소프트웨어를 만들 수 있기 때문에, 하고 싶은 일이 있거나 재미있는 아이디어가 있을 때 직접 실행에 옮길 수 있어요. 요즘은 품질이 좋으면서도 싼 가격에 쓸 수 있는 소프트웨어 개발 도구들이 많습니다. 오픈 소스가 널리 퍼지면서 전보다 쉽게 소프트웨어에 대한 정보를 알아볼 수 있게 되었습니다. 또한 모르는 내용을 서로 물어보며 소프트웨어를 만들 수도 있지요.

전 세계에서 가장 인기 있는 SNS인 '페이스북'도 마크 저커버그(Mark Elliot Zuckerberg)가 친구들과 기숙사 방에서 코딩하면서 처음 만들어졌습니다. 무엇이든 검색해 낸다는 '구글'의 검색 엔진도 스탠포드대학교의 대학원생이던 래리 페이지(Larry Page)와 세르게이 브린(Sergey Brin)이 학교 연구실 한구석에서 직접 만들었답니다.

여러분도 무언가 하고 싶은 일이 있나요? 소프트웨어를 알고, 코딩을 할 줄 알면 상상한 것들을 직접 현실로 옮길 수 있답니다.

데이터 사이언티스트
Data Scientist

빅데이터를 분석해 더 나은 결과를 만들어 내는 방법을 찾아내는 사람.

오늘날 사람들은 자기도 모르게 엄청난 양의 데이터를 만들어 내며 살아요. 대체 어떤 데이터들을 만들어내는 것일까요? 우리가 인터넷에서 여러 사이트를 돌아다니며 웹 서핑을 할 때, 가게나 온라인 쇼핑몰에서 신용카드로 결제할 때, 스마트폰으로 위치를 검색하거나 메시지를 주고받을 때 우리는 사실 조금씩 데이터를 만들어 내고 있습니다. 위치 정보, 결제 정보, 개인 정보 등이 사용되고 그 결과의 데이터가 만들어지기 때문입니다.

이렇게 쌓인 빅데이터를 잘 활용하고 분석하면 예전에 알지 못했던 것을 발견할 수 있습니다. 그 정보로 그전에는 하지 못했던 일들을 할 수도 있지요. 예를 들어 미국의 최대 온라인 쇼핑 사이트 아마존은 고객들의 쇼핑 데이터를 분석했습니다. 그 결과, 고객이 주문하기 전에 미리 배송을 해 주는 기술을 마련했습니다. 고객이 평소 무엇을 언제, 얼마나 자주 샀는지에 대한 데이터를 분석한 결과입니다. 그러면 고객은 물건을 주문하고 배송을 기다리는 시간을 줄일 수 있겠지요.

이런 일을 하려면 데이터를 정확히 이해하고 분석하는 능력이 필요합니다. 엄청나게 쏟아지는 데이터를 잘 분류하고, 정확한 논리를 세워서 데이터를 분석해야 합니다. 서비스와 기술을 만드는 데 도움이 되는 통찰력을 발휘해야 하지요. 그렇지 않으면 데이터는 그냥 쓰레기 더미일 뿐입니다.

페이스북은 초기에 사용자 데이터를 자세히 분석해서 '처음 가입하고 10일 안에 7명의 친구를 맺으면 페이스북을 떠나지 않는다'는 점을 발견했다고 합니다. 그래서 처음 가입자에게 친구를 소개해 주는 데에 힘을 쏟아서, 오늘날 세계 최대의 소셜 네트워크 서비스가 될 수 있었습니다. 페이스북에는 수많은 사람이 가입합니다. 그중에는 열심히 하는 사람도 있고 가입만 하고 들어오지 않는 사람들도 있었을 거예요. 그런 수많은 사람들 중에서 어떤 사람이 열심히 들어오는 회원이 되는지를 데이터 분석으로 발견한 것입니다.

데이터 사이언티스트는 이렇게 빅데이터를 분석하고 해석하는 일을 하는 사람입니다. 통계와 프로그래밍의 중간 영역에서 일한다고도 볼 수 있습니다. 이들은 통계의 관점에서 데이터를 수집해 분석하는 일을 합니다. 그리고 프로그래머처럼 코딩을 해서 데이터를 처리하고 가공하는 알고리즘을 만들기도 합니다. 다시 말해, 통계와 수학, 소프트웨어에 대한 지식이 필요한 일입니다. 동시에 무작위로 쌓인 데이터 속에서 의미를 찾는 인문학적인 상상력도 필요합니다.

　빅데이터를 다루는 일은 과학 연구를 하는 것과 비슷합니다. 과학자들은 새로운 과학적 사실을 발견하기 위해 일단 가설을 세웁니다. 그런 후 실험과 관찰을 통해 가설이 맞는지 확인하지요. 실험을 거쳐 거듭 사실로 확인되면 가설은 이론으로 발전하게 됩니다.

　데이터 분석 역시 마찬가지입니다. 이를테면 모바일 게임 회사가 '신규 사용자가 초기에 레벨이 낮아 다른 캐릭터에 패하기만 하면, 재미를 못 느껴 중도 포기할 확률이 크다'는 가설을 세웠다고 해 볼까요? 이 가설을 실제 사용자 데이터를 분석해서 검증할 수 있을 것입니다. 이게 사실로 드러나면 게임 회사에서는 신규 사용자에게 좋은 아이템을 조금씩 주는 것으로, 게임에 더 재미를 느끼게 만들 수 있을 것입니다.

게임 기획자
Game Designer

게임의 전반적인 내용과 구성을 만들고 게임을 개발하는 과정을 관리하는 사람.

　우리는 평소에 게임을 즐겨 하지요. 그 게임을 실제로 만드는 일을 직업으로 삼는다면 어떨까요? 날마다 게임에 대한 아이디어를 내고 캐릭터를 만들어 다양한 시도를 해 보는 것은 무척이나 흥미롭고 매력적이랍니다.

　게임을 만드는 것은 하나의 세계를 만드는 것과도 같습니다. 마인크래프트 게임 속 세계를 살펴볼까요? 거기서 우리는 얼굴과 몸이 네모 모양으로 각진 스티브와 알렉스가 됩니다. 스티브와 알렉스가 되어 자원을 캐거나 건물을 짓고 좀비와 싸우지요. 모바일 게임 '애니팡'의 세계로도 들어가 볼까요? 우리는 귀여운 토끼와 강아지, 돼지 캐릭터를 3개씩 나란히 모으기 위해 애쓰죠. 아니면 배관공 마리오가 되어 공주를 찾기 위해 마법의 세계를 탐험하기도 합니다.

이렇게 하나의 게임을 만들려면 무엇을 해야 할까요? 게임의 내용, 줄거리, 캐릭터, 각 스테이지의 구성 등을 생각해야 합니다. 이렇게 게임의 전체적인 내용과 전개를 짜고 스토리와 게임 방식 등을 만드는 일을 하는 사람이 바로 '게임 기획자'입니다. 게임 기획자는 게임을 만드는 프로그래밍을 하기 전의 설계도를 만드는 사람이라고 할 수 있습니다. 이 설계가 완성되면 코딩과 같은 기술적인 작업들이 들어가게 됩니다.

예를 들어 주인공 캐릭터가 동전을 먹으며 계속 달려 나가며, 수시로 튀어나오는 장애물을 피해 가는 스마트폰 게임을 만든다고 생각해 볼까요? 이 게임을 만드는 데 어떤 점들을 따져 봐야 할까요?

우선 주인공 캐릭터가 왼쪽에서 오른쪽 방향으로 뛰어갈지, 아래에서 위 쪽으로 뛰어갈지를 결정해야 합니다. 또한 주인공 캐릭터는 귀여운 쿠키 모양으로 할지, 장난꾸러기 악동으로 할지, 아니면 인기 애니메이션 주인공을 할지도 정해야 하지요.

게임을 조작하는 방식은 어떻게 해야 할까요? 이것 역시 게임 기획자가 생각해야 할 부분입니다. 예컨대 왼쪽 버튼을 누르면 점프하고, 오른쪽 버튼을 누르면 몸을 낮춰 슬라이딩을 하게 하는 조작 방식을 정하는 것이지요. 이뿐만이 아닙니다.

게임의 점수를 만드는 방식도 생각해야 합니다. 주인공이 뛰어가며 동전을 먹는 것으로 할까요, 달콤한 젤리를 먹는 것으로 할까요? 게임의 배경은 신비한 마법의 숲이 좋을까요, 공상 과학 만화에 나오는 미래 도시가 좋을까요? 게임에 나오는 다양한 아이템은 어떤 기능을 가진 것으로 해야 할까요? 그리고 얼마나 자주 나오게 해야 할까요? 좋은 아이템이 너무 자주 나오면 누구나 쉽게 가지게 되어 게임이 재미없어집니다. 반대로 아이템을 얻기가 너무 어려워도 흥미가 떨어지지요.

이렇게 간단한 게임 하나를 만들려 해도 미리 준비하고 생각해야 할 일들이 정말 많습니다. 이러한 게임 기획이 제대로 안 되면 당연히 재미있는 게임을 만들 수 없습니다. 설계도도 없는데 건물을 지을 수 없는 것과 마찬가지입니다.

좋은 게임 기획자가 되려면 어떤 자질이 필요할까요? 먼저 사람들이 무엇을 좋아하고, 어떤 점에서 재미를 느끼는지 잘 알아보는 능력을 키워야 합니다. 그러려면 평소 사람들을 잘 관찰하고, 사회의 변화도 유심히 지켜봐야 해요.

게임을 할 때에도 단순히 게임에 빠져들기보다는 다양한 점을 살펴보는 것이 좋습니다. 게임의 구성이나 이야기 전개, 레벨의 난이도를 조정하는 방식, 아이템의 종류와 기능 같은 것들을 따져 보면서 게임을 하는 것이지요. 그러면 게임도 더 재미있게 할 수 있고, 게임의 구조를 이해하는 논리적 사고력도 기를 수 있습니다. 나중에 게임 기획자가 되어 직접 게임을 만들게 될 때 큰 도움이 될 것입니다.

같이 일하는 사람들과 잘 대화하는 능력도 중요합니다. 게임은 혼자 만드는 것이 아닙니다. 기획한 내용을 실제 작동하는 게임으로 바꿔 줄 개발자와 함께 일해야 합니다. 또한 게임 캐릭터와 배경 등을 디자인하는 디자이너, 그래픽 아티스트 등 여러 분야의 사람들과 두루 힘을 합쳐야 합니다. 그러니까 다른 사람들과 협력하고 서로 다른 의견을 맞춰 나아가는 능력이 필요합니다.

정보보호 전문가
Security Expert

컴퓨터와 인터넷 망을 해킹 공격으로부터 보호하고
개인 정보와 가치 있는 데이터 등을 보호하는 일을 하는 사람.

우리의 삶에 디지털 기술이 더 많이 들어오면서 정보보호의 중요성도 더욱 커지고 있습니다. 과거에는 실제 세계에서만 일어나던 일이 이제는 컴퓨터나 인터넷 등 디지털 세상으로 옮겨 가고 있습니다. 집 문단속을 하는 것만큼이나 컴퓨터를 지키는 것이 중요해졌습니다.

요즘 세계적으로 유행하는 '랜섬웨어(Ransomware)' 범죄는 디지털 시대에 해킹의 위험을 잘 보여 줍니다. 랜섬웨어는 '몸값'이란 뜻의 영어 단어 'ransom'과 '악성 프로그램(malware)'의 합성어입니다. 그렇다면 이 랜섬웨어가 어떻게 범죄를 일으키는 것일까요?

해커가 다른 사람의 컴퓨터를 해킹해 중요한 프로그램이나 파일을 사용할 수 없게 만듭니다. 그리고 나서 해커는 컴퓨터의 주인에게 프로그램이나 파일을 다시 쓸 수 있게 해 주는 대가로 돈을 요구합니다. 마치 사람을 납치하고 돈을 요구하는 것과 같은 범죄입니다. 피해를 당한 사람들은 갑자기 업무 자료, 학교 과제로 만든 파일, 추억이 담긴 사진 등 생활에 꼭 필요한 디지털 자료들을 못 쓰게 되어 큰 피해를 입게 되지요.

정보보호 전문가는 컴퓨터나 인터넷에 대한 불법적인 외부 공격을 막아 냅니다. 그럼으로써 정보와 기능을 지키는 사람을 말합니다. 앞으로 모든 사물을 인터넷과 연결하는 '사물 인터넷'이 보급되면 정보보호가 더욱 중요해질 전망입니다.

또한 정보보호는 군사적으로도 매우 중요합니다. 세계 여러 나라는 다른 나라의 통신망을 마비시키거나, 전산망에 담긴 비밀 정보를 몰래 가져오는 사이버 공격 기술을 연구하기도 합니다. 이러한 공격에서 안전하게 나라의 정보를 보호해야 하기 때문입니다.

그렇다면 정보보호 관련 직업에는 무엇이 있을까요? 우선 컴퓨터를 감염시키는 악성 코드나 바이러스를 잡는 '안티 바이러스 백신 프로그램'을 만드는 일이 있습니다. 여러분의 컴퓨터에 아마 V3나 알약, 노턴 안티 바이러스 백신 같은 백신 프로그램들이 깔려 있지요? 이 소프트웨어들은 악성 코드에 대한 정보를 지니다가 컴퓨터에 악성 코드가 침입하면 잡아내는 일을 합니다.

한편, 기업의 전산망에 해커가 침입해 데이터를 훔쳐 가거나 시스템을 훼손했을 때, 이에 대응하는 사람들도 있습니다. 이들은 해커가 끼친 피해를 다시 복구하고 범인을 추적하는 일을 합니다. 이들을 보통 '침해대응 전문가(Computer Emergency Response Team, CERT)'라고 부릅니다. 예컨대 은행 전산망에 해커가 침입해 사람들의 금융 정보를 훔쳐 갔을 때 이들이 나서서 피해에 대응합니다.

반대로 해커의 입장이 되어 기업이나 정부 기관의 전산 시스템에 침입해 약점을 찾아내는 일도 있습니다. 이들을 '화이트 해커(White Hacker)'라고 합니다. 일반 해커는 남의 시스템에 침입해 불법적인 이득을 얻으려 합니다. 반면 화이트 해커들은 시스템의 약점을 발견하면 이것을 알려 주어 시스템을 보완할 수 있도록 도와줍니다.

컴퓨터나 인터넷에 남은 범죄의 흔적을 찾아내 범죄자를 검거하는 활동은 '디지털 포렌식(Digital Forensic)'이라고 합니다. 예를 들어 범인들이 범행을 계획한 채팅 내용을 삭제했다면, 디지털 포렌식 전문가가 스마트폰을 분석해 지워진 내용을 되살릴 수도 있습니다.

'포렌식(Forensic)'이란 말은 범죄에 대한 과학 수사나 법의학을 뜻하는 말입니다. 수사 드라마에 보면 과학 수사대가 현장에 남은 증거를 찾아 과학적으로 분석해 범인을 찾는 것을 볼 수 있습니다. 마찬가지로, 디지털 포렌식은 디지털 형태의 범죄 증거들을 찾는 활동을 말합니다.

데이터를 보유하는 서버가 감당할 수 없을 만큼 많은 데이터를 보내는 공격도 있습니다. 그럼으로써 서버를 마비시키는 공격을 '분산 서비스 거부 공격(일명 디도스,

DDoS)'라고 합니다. 이에 대비해 네트워크와 서버를 방어하는 것도 정보보호 분야의 주요 업무입니다.

정보보호 분야에서 일하려면 소프트웨어와 네트워크, 프로그래밍 등에 대해 종합적인 이해가 있어야 합니다. 수학과 암호에 대한 지식도 있으면 도움이 됩니다.

인공지능, 로봇, 뇌 과학,
디지털 미래 세계를 알려 주는
용어들

> 디지털
> 어휘력 상승
> **4단계**

4차 산업혁명의 시대, 생각하는 기계와 함께 살아가는 미래가 온다

1980년대 개인용 컴퓨터가 일반 사람들에게 퍼져 나가면서 정보화 혁명의 막이 올랐습니다. 2000년대 인터넷이 널리 퍼지고 2010년대 스마트폰이 두루 쓰이면서 정보화 혁명은 점점 더 우리 삶에 들어왔습니다.
거기서 한발 더 나아가 이제는 인공지능이 우리의 삶에 파고들고 있습니다. 컴퓨터는 단순히 사람의 지시를 따르거나 간단한 업무를 반복하는 수준을 넘어섰습니다.

사람처럼 자료를 모으고 이를 바탕으로 스스로 판단할 수 있게 됩니다. 사람의 말을 알아듣고 미묘한 차이도 구분해 손님을 상대할 수도 있을 겁니다.

이것은 개인용 컴퓨터나 인터넷과는 비교할 수 없는 또 다른 변화를 가져올 것입니다. 사람보다 더 똑똑하고 부지런한 인공지능의 시대에서 우리는 무엇을 해야 할까요? 또 무엇을 준비해야 할까요?

4차 산업혁명
Fourth Industrial Revolution

인공지능, 빅데이터, 3D 프린터 등 첨단 디지털 기술이
일상생활과 산업 등에 결합되며 일어나는 사회적 변화를 일컫는 말.

사물인터넷

　인공지능, 빅데이터, 사물 인터넷(IoT), 3D 프린터와 같은 디지털 기술력의 변화는 우리 실생활에 가공할 위력을 떨치고 있습니다. <u>4차 산업혁명은 이러한 첨단 기술이 실제 경제나 사회 활동과 접목되면서 일어나는 혁명적인 변화를 가리키는 말입니다.</u>

그런데 4차라고 하니, 그에 앞선 1차, 2차, 3차 '산업혁명'에는 어떤 의미와 변화가 있었는지 살펴볼까요?

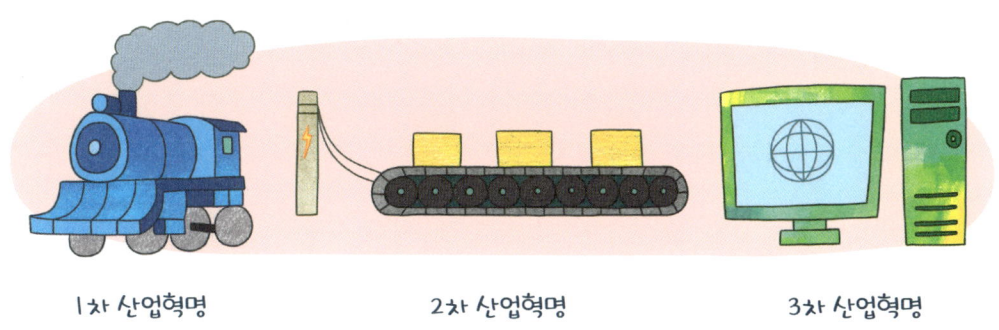

1차 산업혁명   2차 산업혁명   3차 산업혁명

1차 산업혁명은 18세기 영국에서 증기 기관 발명과 함께 시작된 산업화의 물결을 말합니다. 증기 기관은 뜨거운 수증기에서 나오는 열에너지를 이용해 일하는 장치입니다. 이 시기에 증기 기관, 실을 짜는 방적기 등이 등장하게 됩니다. 그러면서 드디어 기계의 힘을 빌려 더 많은 일을 더 효율적으로 해낼 수 있게 되지요. 제일 먼저 산업혁명이 일어난 영국은 세계에서 가장 부강한 국가가 됩니다.

이후 19세기 말에서 20세기 초에 걸쳐 전기가 공장과 가정에서 쓰이게 됩니다. 그러면서 산업은 다시 한 번 비약적으로 발전합니다. 이 시기를 2차 산업혁명이라고 합니다. 1차 산업혁명을 일으킨 증기 기관이나 2차 산업혁명 때 등장한 전기는 제조업에 큰 변화를 일으켰습니다.

그러다 1980년대에 3차 산업혁명을 맞이합니다. 이 시기는 컴퓨터가 보급되면서 정보의 처리와 사무 업무가 자동화됩니다. 문서 작성이나 회계 같은 번거로운 일들을 소프트웨어로 손쉽게 처리하게 되지요. 복잡하고 양이 많은 데이터도 컴퓨터로 관리하게 됩니다. 또한 인터넷이 등장해 세계의 모든 정보를 쉽게 찾을 수 있게 되지요. IT 산업이 본격적으로 발전한 것도 이때입니다. 3차 산업혁명이라 불리는 '디지털 혁명'은 실제 세계가 아니라 눈에 보이지 않는 정보의 중요성이 커진 시기입니다.

2016년 세계 경제인과 학자들의 모임인 다보스 포럼에서 4차 산업혁명이란 말이 소개됩니다. <u>4차 산업혁명은 이렇게 발달한 디지털 기술이 실제 세상과 만나며 새로운 변화를 일으키는 시기입니다.</u>

지금은 컴퓨터들만 인터넷으로 연결되어 있지만, 앞으로는 모든 사물이 인터넷에 연결되는 사물 인터넷 시대가 옵니다. 모든 물건이 센서를 통해 주변 정보를 수집하게 됩니다. 또한 이 정보들을 인터넷으로 공유합니다. 이렇게 되면 막대한 빅데이터가 쌓입니다. 이 빅데이터를 활용해 다양한 일들을 해낼 수 있게 됩니다. 예를 들어, 미세먼지가 어디서 얼마나 쌓이는지 분석해 예방책을 마련할 수도 있습니다. 도로에 차와 사람이 어떻게 움직이는지 감지해 자율주행차를 운행할 수도 있습니다.

이렇게 얻은 빅데이터를 학습하며 인공지능은 더욱 성능이 좋아질 것입니다. 인공지능이 더 발전하면 많은 일을 효율적으로 해낼 수 있을 것입니다. 더 많은 일을 인공지능에 맡기고 사람은 한층 창의적이고 중요한 일에 시간을 쓸 수 있을 것입니다. 제조업체나 공장이 필요했던 과거와 달리, 이제 무언가를 만들고 싶다면 3D 프린터로 손쉽게 만들 수도 있어요.

이처럼 디지털 기술과 실제 세계가 하나로 합쳐지는 세상, 모든 사물과 정보가 연결되고 인공지능의 도움으로 인간의 능력이 최대로 발휘되는 세상. 이것이 4차 산업혁명의 목표입니다.

4차 산업혁명의 시기에는 주어진 정보를 잘 외우고 배우는 것보다 스스로 생각하고, 질문하는 능력이 중요해집니다. 이미 대답이 주어진 일들은 인공지능이 더 잘할 수 있기 때문이죠. 반면 스스로 생각하면서 다른 사람들의 불편을 해결하거나 필요를 채워 주려는 사람은 더욱 큰일을 해낼 수 있게 됩니다.

물론 4차 산업혁명이 무엇인지 여전히 불확실한 부분이 많습니다. 일시적인 유행어에 불과하다는 지적도 일부 있습니다. 하지만 인공지능이나 빅데이터 같은 기술에 힘입어 세상이 변화하고 있는 것은 분명한 사실입니다. 아마 많은 시간이 흘러야 지금 우리가 겪는 변화가 무엇인지 더 정확히 알게 될 것입니다. 그 전에 우리는 오늘의 변화를 바라보며 열심히 배우고 꿈을 키우는 것이 중요하겠지요. 그러면 어느새 여러분이 4차 산업혁명의 주역이 되어 있을 것입니다.

인공지능
Artificial Intelligence, AI

학습, 추론, 지각, 언어와 같은 사람의 지적 활동을 모방해 만들어 낸 컴퓨터 프로그램, 혹은 그 기술. 사람처럼 환경을 인식하고 스스로 과제를 해결하는 지적 능력을 지닌 기계를 목표로 한다.

일반적으로 컴퓨터 프로그램은 우리가 지시하는 일을 할 뿐입니다. 컴퓨터 프로그램이 스스로 판단해서 일을 하지는 못합니다. 이와 달리 사람은 주변 환경을 인식해 주변의 자원을 최대한 활용해서 스스로 문제를 해결합니다. 이렇게 경험을 쌓았다가 다음에 비슷한 상황에 처하면, 경험을 바탕으로 더 나은 방법을 찾아내기도 합니다.

반면 컴퓨터는 주어진 데이터를 바탕으로 미리 만들어진 프로그램에 따라 반복적으로 일을 수행합니다. 그런데 데이터가 아주 많다면, 그리고 알고리즘을 아주 정교하게 짤 수 있다면, 그리고 연산을 할 수 있는 컴퓨터가 충분히 많이 있다면 어떨까요? 그럴 경우라면 컴퓨터가 인간의 지적 활동을 따라 할 수 있지 않을까요?

💡 인공지능 연구의 시작

인공지능은 컴퓨터를 활용해 인간처럼 학습하고 판단할 수 있는 기계를 만들어 내려는 과학 연구 분야입니다. 사람처럼 계산하는 기계에 대한 아이디어는 예전부터 있었지만, 실제로 연구된 것은 19세기에 들어서입니다. 조지 불(George Boole) 등의 수학자가 오늘날 컴퓨터 프로그래밍의 기본 원리인 수학적 논리를 구상했고, 찰스 배비지(Charles Babbage)는 실제 계산을 해내는 기계를 제작하려 했습니다. (이 기계는 증기 기관으로 작동하는 거대한 장비였는데, 여러 이유로 완성되지 못했습니다.)

1930년대와 40년대에 들어서 영국의 수학자 앨런 튜링(Alan Turing)이 컴퓨터의 기본 원리를 만들어 냅니다. 앨런 튜링은 '튜링 기계(Turing Machine)'라는 가상의 기계를 생각해 냈습니다.

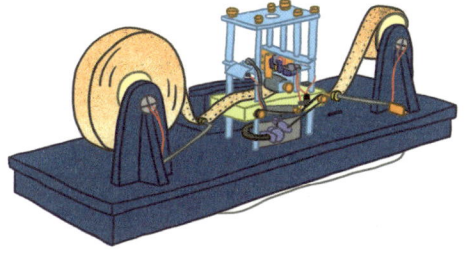

튜링 기계는 다음처럼 작동합니다. 끝없이 이어지는 어떤 테이프(Tape)가 있다고

생각해 봅시다. 이 테이프는 여러 칸으로 나뉘어 있고, 각 칸에는 기호가 하나씩 새겨져 있습니다. 이 테이프를 기계가 읽어 들입니다. 테이프가 기계의 '헤드(Head)'라는 부분을 지나가면, 헤드는 테이프의 기호를 인식합니다.

이 기계는 기호에 따라 어떻게 움직일지가 미리 정해져 있습니다. 예를 들어 헤드가 테이프의 다섯 번째 칸에 '1'이라는 기호를 인식하면, '1'을 '0'으로 고치고 일곱 번째 칸으로 간다는 규칙을 미리 정해 놓은 것이지요. 그리고 실제로 헤드에 테이프의 다섯 번째 칸이 놓이면 기계는 '1'을 '0'으로 고치고 일곱 번째 칸으로 이동해 일곱 번째 칸의 기호를 인식합니다.

튜링은 이런 방식으로 논리적 순서로 나타낼 수 있는 일은 무엇이든 기계로 해낼 수 있다고 생각했어요. 그것이 바로 튜링 기계의 원리입니다. 테이프는 오늘날 컴퓨터의 저장 장치, 기호는 데이터, 헤드는 중앙연산장치(CPU)인 셈입니다. 미리 정해진 규칙은 알고리즘입니다. 튜링 기계에는 오늘날 컴퓨터의 모습이 그대로 담겨 있습니다.

💡 인공지능의 발달

2차 세계대전을 겪으며 컴퓨터 연구는 비약적으로 발전합니다. 전쟁을 치르며 로켓의 궤도를 계산하거나 적국의 무선 암호를 해독하는 상황이 벌어졌습니다. 그로 인해 아주 복잡한 계산을 빠르게 해야 했습니다. 그 결과 컴퓨터 연구가 덩달아 발전하게 된 것이지요.

전쟁 중 영국은 암호 해독을 위해 콜로서스(Colossus)라는 컴퓨터를 세계 최초로 만들었습니다. 앨런 튜링도 전쟁 동안 독일군의 암호를 해독하는 비밀 조직에서 일을 했습니다. 미국이 진공관을 이용한 컴퓨터 '에니악(ENIAC)'을 만들기 시작한 것도 2차 세계대전 중인 1943년이었어요.

전쟁이 끝나고 1956년에 마빈 민스키(Marvin Minsky) 등 컴퓨터 과학자들이 미국 다트머스대학교(Dartmouth College)에 모여 학술 대회를 열었습니다. 그리고 이날의 만남은 인공지능이 독립된 연구 분야로 자리를 잡는 계기가 되었습니다. 컴퓨터와 인공지능은 이후 빠르게 발전해 나갔습니다. 인공지능으로 복잡한 계산을 풀고, 체스를 두고, 수학 명제를 증명했습니다. 1990년대가 되면서 인공지능이 의사처럼 환자의 병명을 진단하거나 복잡한 유통망을 관리하는 일들을 할 수 있게 되었습니다.

이 인공지능의 발전을 상징적으로 보여 주는 사건들이 있습니다.

1997년 IBM의 슈퍼컴퓨터 딥블루(Deep Blue)가 세계 체스 챔피언인 게리 카스파로프(Garry Kasparov)를 꺾고 이깁니다. 2011년에는 IBM의 인공지능 왓슨(Watson)이 미국 유명 퀴즈쇼 '제오파디(Jeopardy)'에서 인간 챔피언을 누르고 우승을 하지요.

2016년에는 구글의 자회사 딥마인드(DeepMind)가 만든 인공지능 알파고(AlphaGo)가 세계 바둑 1인자 이세돌 9단을 이기는 일이 있었지요. 인공지능이 바둑에서 인간 챔피언을 이긴 것은 그야말로 인공지능의 놀라운 발전을 보여 줍니다. 바둑이 단순해 보이지만 돌을 놓을 수 있는 경우의 수가 체스와는 비교할 수 없을 정도로 많기 때문입니다. 가로 19줄, 세로 19줄의 바둑판에다 돌을 놓는 경우의 수는 우주의 원자 수보다 많다고 합니다. 그래서 이전에는 사람처럼 예측하고 판단해 바둑을 둘 수 있는 인공지능을 만들기가 어려웠죠. 하지만 이제는 사람처럼 바둑을 두고, 사람을 이기는 인공지능이 나오게 된 것입니다.

💡 생활 속 인공지능

오늘날 인공지능은 우리도 모르는 사이에 일상에 널리 쓰이고 있습니다. 페이스북의 인공지능은 우리가 올린 사진 속 얼굴을 보고 '친구 누구 아니냐'며 태그를 걸어 줍니다. 또한 게임을 하면 사람이 조종하는 캐릭터와 컴퓨터가 조종하는 캐릭터가 함께 나옵니다. 컴퓨터 캐릭터들도 사람처럼 게임을 하며 공격과 방어를 합니다.

인공지능이 말과 글을 알아듣는 수준도 높아지고 있습니다. 외국어로 된 교통 표지판이나 식당 메뉴를 스마트폰으로 찍으면 바로 우리말로 번역해 주기도 합니다. 인공지능이 사진에 찍힌 그림을 읽어 그 안의 글자를 인식하고, 번역하는 것이죠. 스마트폰에 대고 "엄마에게 문자"라고 말하면 문자 메시지의 작성 창이 열립니다. 사람의 목소리를 스마트폰 속 인공지능이 알아듣는 것이죠.

또한 예약한 항공권이 이메일로 오면 그 항공권의 출발 시간을 파악해 캘린더에 출발 시간을 등록해 주기도 합니다.

이처럼 인공지능이 사람을 대신해 주는 것은 점점 늘고 있습니다. 어쩌면 나중에는 여러분의 숙제를 대신해 줄 인공지능이 나올지도 모를 일입니다.

기계학습, 딥 러닝
Machine Learning, Deep Learning

컴퓨터가 사람의 지시나 도움 없이 스스로 정보를 학습하는 것.

사람은 주변 환경을 인식하고 정보를 받아들여 스스로 판단을 합니다. 인공지능은 사람의 이런 능력을 따라 하고 싶어 하고요. 그런데 컴퓨터가 주변의 정보를 받아들여 스스로 판단하는 것은 결코 쉬운 일이 아닙니다.

3살짜리 아이도 길에서 강아지를 보면 "멍멍이다!"라 하고, 고양이를 보면 "야옹이다!"라고 합니다. 작고 털이 긴 요크셔 테리어도, 털이 짧고 사나운 진돗개를 봐도 모두 '개'라고 알아봅니다. 반면 아무리 좋은 컴퓨터라도 개와 고양이가 어떻게 다른지 배우기란 어렵습니다.

컴퓨터가 마치 사람처럼 배우고 판단하게 할 수 있을까요? 네 발로 달리고 귀가 뾰족하며 동그란 눈과 콧수염이 있는 동물의 사진을 보고 컴퓨터가 '고양이'라고 알아볼 수 있을까요? 기계학습(Machine Learning)은 이러한 문제를 다룹니다.

고양이 사진을 보고 고양이란 걸 컴퓨터가 알 수 있는 한 가지 방법으로는 그 분야의 규칙을 컴퓨터에게 모두 미리 입력시키는 것입니다. 고양이털은 무슨 색깔이고, 귀는 어떻게 생겼으며, 수염은 어떤 모양인지 등 정보를 미리 입력해 놓습니다. 그러면 다음에 네 발로 걷는 작은 동물의 사진을 봤을 때 그것이 고양이인지, 개인지 판단할 수 있겠죠. 하지만 고양이의 모든 특징을 미리 생각해서 그것을 컴퓨터에게 알려 주기란 거의 불가능합니다. 우리가 생각지도 못한 고양이의 특징, 혹은 개의 특징이 걸려서 컴퓨터는 고양이란 것을 알아채지 못하기 일쑤입니다.

이런 방법도 있습니다. 3살 동생이 공원에서, TV에서, 그림책에서 고양이를 보고 들으며 고양이에 대해 알아가듯이, 컴퓨터도 같은 식으로 배우는 것입니다. 다시 말해, 수백만, 수천만 장의 고양이 사진을 계속 컴퓨터에게 보여 주는 방식입니다. 컴퓨터는 수많은 사진들에 나타난 고양이 혹은 고양이 아닌 다른 동물들의 특성을 파악합니다. 그러면서 무엇이 고양이의 특성이고, 무엇이 아닌지에 따라 고양이를 분류해 냅니다.

이런 바탕 위에서 기계학습의 한 방법인 '딥 러닝(Deep Learning)'이 발달하게 되었습니다. 딥 러닝은 요즘 인공지능 분야에서 가장 주목받는 기술입니다.

딥 러닝은 컴퓨터가 사람의 뇌를 흉내 내어 여러 층의 인공 신경망을 쌓게 만듭니다. 그리고 이 인공 신경망을 거쳐 컴퓨터 스스로 학습하는 기술입니다. 각 층은 아주 간단한 정보 하나만 처리합니다. 이를테면 선이 직선인가 아닌가를 봅니다. 그 위층은 이런 작은 조각들이 어떤 패턴을 보이는지를 봅니다. 이런 작업을 계속하면 귀 모양인지, 입 모양인지를 알 수 있게 됩니다. 더 위층에서는 얼굴을 인식할 수 있습니다. 이렇게 여러 층이 쌓이기 때문에 '깊다(deep)'는 의미로 '딥 러닝'이라고 부릅니다.

　딥 러닝은 좋은 방법이었지만 연산 속도가 느린 것이 단점이었습니다. 층이 쌓일수록 속도는 더욱 느려졌습니다. 그리고 연산에 필요한 컴퓨터 개수도 늘어났지요. 하지만 가격이 싼 반도체를 연결해 성능을 높이는 기술이 나오게 되면서 연산 속도가 빨라졌습니다. 초고속 인터넷, 스마트폰이 보급되고 페이스북 등 소셜 네트워크가 인기를 끌면서 컴퓨터가 학습할 수 있는 데이터도 얼마든지 구할 수 있게 되었습니다.

　이렇게 되자 딥 러닝은 가장 정확하고 유용한 기계학습 방법으로 자리를 잡았습니다. 2012년 구글은 유튜브 동영상 1000만 개를 슈퍼컴퓨터에게 보여 주었습니다. 그리고 딥 러닝 방식으로 고양이가 무엇인지 학습시켰습니다. 구글의 슈퍼컴퓨터는 75%의 정확도로 고양이를 구별해 냈습니다. 2016년 들어서는 마이크로소프트가 고양이나 개를 알아보는 수준을 넘어, 개의 품종까지 구별하는 인공지능을 내놓을 정도로 기술이 발전하였습니다.

튜링 테스트

우리는 과연 생각하는 기계를 만들 수 있을까요? 아니, 그 전에 기계가 생각을 하는지 안 하는지를 어떻게 알 수 있을까요? 애초에 '생각'이란 무엇인지 정의하는 것부터 쉬운 일은 아닙니다.

수학자이자 컴퓨터 과학자인 앨런 튜링은 1950년에 이 문제를 해결하는 방법을 내놓았습니다. 상대방이 자기와 대화하는 게 사람인지 컴퓨터인지 구분할 수 없을 정도로 컴퓨터가 자연스럽게 대화를 한다면 어떨까요? 그것은 인공지능으로 볼 수 있지 않을까요? 튜링은 생각 혹은 지성이 무엇인지 정의하기는 힘들지만, 사람처럼 대화하는 컴퓨터는 생각하는 존재라 볼 수 있지 않겠냐고 주장했습니다.

앨런 튜링이 논문에서 제안한 '튜링 테스트(Turing Test)'는 이런 식으로 진행됩니다. 한 사람이 방에 혼자 앉아 컴퓨터 채팅으로 다른 방에 있는 사람과 대화합니다. 사실 다른 방에서 이 사람과 채팅하는 것은 인공지능 소프트웨어입니다. 이 소프트웨어가 사람처럼 자연스럽게 대화해서 다른 방의 사람이 대화 상대가 사람인지 소프트웨어인지 구분할

튜링테스트

수 없다면, 이 소프트웨어는 인공지능으로 인정됩니다.

지금까지 튜링 테스트를 완벽하게 통과한 인공지능은 아직 없습니다. 2014년 영국 레딩대학교(University of Reading)가 '유진(Eugene)'이라는 이름의 인공지능이 튜링 테스트를 통과했다고 발표해서 큰 화제가 되었습니다. 하지만 여기에는 '꼼수'가 있었습니다. 개발진은 유진에 13세의 우크라이나 소년이라는 캐릭터를 입혔습니다. 유진과 대화한 사람들은 상대가 영어에 익숙지 않은 외국 소년이라는 점을 알기에 어색한 표현도 이해해 주었다는 것입니다.

사실 메신저나 채팅 서비스에서 채팅 로봇이 사람인 척하고 대화하는 것은 일상적인 일이 되었습니다. 어떤 분야에서는 상당한 수준으로 언어 능력이 발달하기도 했습니다. 하지만 사람들의 의도를 정확히 파악해 딱 맞는 대답을 하는 인공지능은 아직 시기상조인 듯합니다. 과연 언제 튜링 테스트를 통과하는 인공지능이 나올지 궁금해지네요.

모라벡의 역설
Moravec's Paradox

컴퓨터는 사람이 어려워하는 일을 쉽게 해낼 수 있지만,
사람이 쉽게 할 수 있는 일을 컴퓨터가 잘하게 하는 것은 어려움을 나타내는 말.

 컴퓨터와 인공지능은 빠른 속도로 발전하며 사람을 뛰어넘는 능력을 보여 주었어요. 인공지능은 세계 바둑 챔피언과 체스 챔피언을 이기고, TV 퀴즈 프로그램에 출연해 퀴즈왕이 되기도 했어요. 인공지능은 기자보다 더 빨리 기사를 쓰기도 하고, 주식 투자를 하기도 해요.

우리가 골머리를 쓰고, 어렵게 생각해야 하는 논리와 분석, 복잡한 계산들을 컴퓨터는 쉽게 척척 해내요.

그런데 우리가 아주 쉽다고 생각하는 일, 세 살 아이도 할 수 있는 일을 컴퓨터가 못하는 경우가 많아요. 세 살 아이도 엄마와 아빠의 얼굴을 알아보고, 개와 고양이를 구분합니다. 또한 넘어지지 않고 걷고, 장애물을 만나면 피해서 갑니다.

하지만 이런 간단한 일들이 컴퓨터에게는 너무나 어려운 일이 됩니다. 구글이 딥러닝으로 컴퓨터에게 고양이를 알아보게 가르치는 데 성공했죠. 하지만 이를 위해 1만 6000개의 중앙처리장치(CPU)가 쓰였고, 1000만 장의 고양이 사진 데이터를 컴퓨터에 집어넣어야 했습니다. 세계 최고 과학자들이 참가한 로봇 경진대회에 나온 로봇들도 몇 발짝을 못 가서 획획 쓰러집니다. 우리에게는 너무나 자연스러운 걷기 운동이 로봇에게는 세상에서 제일 어려운 일이 되는 것입니다.

이처럼 "쉬운 문제는 어렵고, 어려운 문제는 쉽다"라는 현상을 흔히 '모라벡의 역설(Moravec's Paradox)'이라고 부릅니다. 카네기멜론대학교(Carneie Mellon University)에서 로봇과 인공지능을 연구하던 한스 모라벡(Hans Moravec) 교수가 자신의 책 《마음의 아이들》에서 이런 현상을 설명한 데서 비롯된 말입니다.

왜 로봇에게는 그토록 어려운 일을 우리는 자연스럽고 쉽게 해낼까요? 그 이유는 아직 명확하지 않습니다. 다만 사람의 진화 과정에 답이 있지 않을까 추측하고 있습니다. 얼굴을 알아보고, 장애물을 피해 움직이고, 사람의 표정에 담긴 속마음을 알아채는 일들은 아주 오래 전부터 발달해 온 사람의 기능입니다. 진화 과정에서 우리는 자연스럽게 몸에 익었기 때문에 쉽게 된다는 것이죠. 실제로는 아주 복잡하고 어려운 일인데 말입니다. 반면 사람의 지적인 능력은 진화 과정에서 비교적 최근에 생긴 것입니다. 그래서 사람들은 여전히 논리, 분석, 복잡한 계산을 어려워한다는 것이죠.

초기의 인공지능 연구자들은 곧 사람을 능가하는 인공지능을 만들 수 있을 것으로 기대했습니다. 복잡한 계산을 성공적으로 해내는 인공지능을 잇달아 만들었기 때문입니다. 하지만 정작 우리에게 너무 쉬운 일을 해내는 인공지능을 만드는 연구에서 벽에 부딪혔어요.

이처럼 모라벡의 역설은 우리가 사람의 의식과 지능에 대해 여전히 아는 것이 많지 않다는 것을 보여 주기도 합니다.

강한 인공지능, 약한 인공지능
Strong AI, Weak AI

사람처럼 생각하고 학습할 수 있는 인공지능을
강한 인공지능이라고 하고, 어떤 정해진 분야에서 인간처럼 문제를 풀 수 있는
인공지능을 약한 인공지능이라 한다.

영화 '터미네이터'를 본 친구들이 있나요? 영화 속에서 사람들은 고도로 발달한 인공지능 '스카이넷'을 만들어 냅니다. 그런데 스카이넷은 지구의 가장 큰 위협은 바로 '인간'이라는 판단을 스스로 내립니다. 그리고 핵 미사일을 발사해 문명을 파

괴합니다. 그런 다음 스스로 로봇을 생산해 얼마 안 남은 사람들을 공격하지요.

이처럼 인공지능이 사람처럼 생각하고 판단하는 능력을 가지고, 더 나아가 인간보다 뛰어나 인간을 지배하는 일이 일어날까요? 이런 상상은 끊임없이 이어져 많은 공상 과학 영화나 소설의 소재가 되기도 합니다.

인공지능을 연구하는 사람들은 인공지능을 크게 둘로 나눕니다. 사람처럼 스스로 생각하고 배워 판단할 수 있는 인공지능을 '강한 인공지능', 스스로 생각하는 수준은 아니지만 어떤 특정한 분야에서 사람보다 문제를 잘 해결할 수 있는 인공지능을 '약한 인공지능'이라고 부릅니다.

인공지능 연구자들의 목표는 물론 강한 인공지능을 만드는 것입니다. 하지만 우리의 기술력으로는 아직 강한 인공지능 근처에도 못 갔다고 할 수 있습니다. 물론 컴퓨터는 지금도 사람보다 훨씬 빠르고 정확하게 계산할 수 있습니다. 하지만 그것은 사람이 가진 지능 중 극히 일부일 뿐입니다. 사람처럼, 학습하고 이성적으로 판단하고 감정과 자의식까지 느끼는 인공지능이 나오는 것은 어려울 것으로 보는 과학자들도 많습니다.

지금도 딥 러닝 같은 기계학습 방법이 계속 발전하고 있습니다. 하지만, 사람처럼 생각하려면 도대체 얼마나 더 많은 컴퓨터 연산 능력과 데이터가 필요할지 알지 못합니다.

한편, 약한 인공지능은 이미 우리 생활 속에 알게 모르게 들어와 있습니다. 특히, 정해진 규칙과 논리에 따라 일이 처리되고, 데이터가 풍부한 분야에서는 이 약한 인공지능이 많은 활약을 합니다.

알파고는 바둑에, 딥블루는 체스에 특화된 약한 인공지능입니다. 또한 야구 경기 결과나 지진 발생 소식 등을 자동으로 기사를 쓰는 인공지능도 있습니다. 야구는 매회 선수들의 경기 내용이 기록으로 남습니다. 또 기사는 대개 '어느 팀이 이겼다', '누가 활약을 했다' 같은 비슷한 형식을 지닙니다. 그래서 인공지능 로봇 기자가 기사를 쓸 수 있는 것이죠.

스마트폰에는 목소리로 문자 메시지를 보내거나 원하는 내용을 검색하는 기능이 있습니다. 이런 기능도 '음성을 인식'하는 약한 인공지능입니다.

자율주행 자동차
Autonomous Vehicle

사람이 운전하지 않아도 스스로 주변 교통 상황을 인식하며 목적지를 찾아가는 인공지능 자동차.

'자율주행 자동차'란 말 그대로 사람이 직접 운전할 필요 없이, 자동차 스스로 운전해 가는 차를 말합니다. 스스로 운전하는 자동차에 대한 연구는 오래 전부터 꾸준히 이뤄져 왔습니다. 이미 기본적인 기능 일부는 쓰이고 있기도 하지요. 예를 들어, 차량 속도를 자동으로 일정하게 유지하는 기능이나, 주차할 때 센서로 주변과의 거리를 인식해 차가 부딪히지 않고 정확하게 세우는 기능 등이 있습니다. 이것들은 자율주행 자동차의 원초적인 모습입니다.

최근 구글이나 애플 같은 IT 기업들이 자율주행 자동차를 개발하는 것에 발 벗고 나서며 관심이 더욱 커졌습니다. 구글은 이미 2009년부터 자율주행 자동차를 개발하고 있습니다.

이처럼 IT 기업들이 자율주행 자동차를 만들 수 있는 데는 여러 이유가 있습니다.

먼저, 아주 정교한 온라인 지도가 나타났기 때문입니다. 기술의 발달로, 위치정보 기술이 발전하여 자동차의 운행 정보를 잘 파악할 수 있게 되었습니다.

또한 운전할 때는 보행자나 다른 자동차, 장애물 같이 다양한 대상을 감지할 수 있어야 합니다. 이것들을 감지하는 센서의 가격은 더 낮아지고 기능은 더 좋아졌습니다.

무엇보다 자율주행에 필요한 방대한 데이터를 처리하고 분석하는 기술이 발달했습니다. 인공지능이 데이터를 분석해 실시간으로 교통 상황을 판단하며 운행할 수 있게 된 것입니다. 사람은 운전할 때 한꺼번에 많은 일들을 합니다. 한 손으로는 운전대를 잡고, 한 손으로는 기어를 잡고, 발은 브레이크와 액셀러레이터에 대고 운전을 합니다. 그러면서 앞차와 옆 차의 움직임을 살피고, 그것들을 조작하지요. 길에 갑자기 사람이 뛰어들지는 않는지, 강아지나 높은 턱이 있지는 않는지도 살펴봅니다.

자율주행 자동차도 이와 같은 방식으로 운전합니다. 차의 곳곳에 카메라와 센서가 설치되어 그것으로 주변 상황을 인식하지요. 인식한 정보를 받아들여서 속도를 높일지 낮출지, 장애물을 어느 방향으로 피할지 등을 결정합니다.

요즘은 '친환경 전기차'가 자동차의 미래로 떠올랐습니다. 이것 역시 주목할 만한 부분입니다. 지금 자동차는 가솔린을 연료로 하는 내연 기관을 씁니다. 내연 기관 자동차는 구조가 복잡하고 어렵습니다. 반면 배터리를 사용하는 전기차는 구조가 간단합니다. 조금 과장해서 말하면, 배터리로 가는 장난감 자동차와 근본적으로 큰 차이가 없습니다. 이러한 이유로 기존 대형 자동차 제조사뿐만 아니라 구글 같은 IT 회사도 자동차 시장에 들어가기 쉬워졌고 자율주행차를 만들기가 더욱 쉬워졌습니다.

이르면 2020년에는 완전한 자율주행 자동차가 나올 것이라고 예상하기도 합니다. 많은 사람들이 자율주행 자동차를 타게 되면 우리의 삶은 완전히 바뀔 것입니다. 우선 교통사고가 크게 줄어들 전망입니다. 자율주행 자동차는 사람처럼 깜빡 조는 일이 없고, 주의력이 약해지거나, 교통 법규를 어기는 일이 없기 때문이죠. 어쩌면 사람이 운전하는 것은 아예 금지될지도 모릅니다. 이제 사람들은 차 안에서 책을 읽거나 휴식을 하는 등 보다 효율적으로 시간을 보낼 수 있습니다.

또한 자동차를 사지 않고 필요할 때마다 불러서 쓰게 될 수도 있습니다. 차를 몰고 나갈 때마다 주차를 걱정하거나 매년 자동차세를 낼 필요가 없는 것이지요. 대신 어딘가에 가야 할 때마다 자율주행 차량을 부르기만 하면 되는 세상이 될 수도 있습니다. 그렇게 되면 어린이나 장애인들도 제약 없이 차를 이용할 수 있게 되겠죠.

하지만 자율주행 자동차의 위험성 역시 간과해서는 안 됩니다. 먼저 해킹을 당할 위험을 항상 주의해야 합니다. 자율주행 자동차는 교통 통신망에 연결된 하나의 컴퓨터라고도 볼 수 있습니다. 그렇기 때문에 일반 컴퓨터나 스마트폰처럼 해킹을 당할 가능성이 있습니다. 자동차가 해킹을 당하면 사고로 이어질 수 있기 때문에 생명이 위험해질 수도 있습니다. 그렇기 때문에 정보 보안을 더욱 철저히 연구해야 합니다.

인공지능의 윤리 문제

인공지능은 지금 사람들이 하는 일을 점점 더 많이 대신하게 될 것입니다. 단순 작업을 대신하는 것을 넘어서 인공지능이 머리를 쓰고 판단하는 일도 할 수 있게 됩니다.

인공지능의 발달은 편리하고 좋은 일입니다. 하지만 몇 가지 심각하게 고민해야 할 일들도 있습니다. 이를테면 <u>인공지능이 도덕적 판단을 해야 할 상황에서 과연 어떻게 할 것인가와 같은 문제지요.</u>

예를 들어 인공지능이 운전하는 자율주행 자동차를 생각해 봅시다. 자율주행 자동차는 카메라와 센서로 주변 정보를 계속 받아들이면서 안전하게 운전합니다. 하지만 누군가 갑자기 도로에 뛰어든다거나 하는 돌발 상황이 생길 수 있습니다.

운전하는 도로에 사람 5명이 갑자기 뛰어든다면 어떻게 할까요? 차를 멈추기에는 늦었습니다. 그대로 가면 5명이 희생됩니다. 방향을 틀면 차가 도로 옆 콘크리트 벽을 들이받아 탑승자가 희생됩니다. 여러분이 차에 타고 있다면, 자율주행 자동차가 어떤 선택을 하기 원하나요?

자율주행 자동차는 이런 상황에서 미리 정해진 규칙에 따라 행동합니다. 우리는 자율주행 자동차가 어떤 선택을 하도록 프로그래밍해야 할까요? 이건 인공지능의 문제가 아니라 사람의 문제입니다.

이런 극단적인 상황이 아니더라도 인공지능의 윤리 문제는 곳곳에서 나타날 수 있습니다. 인공지능에 대화를 가르치는 방법으로, 트위터 같은 소셜 미디어에서 오가는 사람들의 실제 대화를 보여 주고 배우게 할 수 있습니다. 그런데 사람들의 대화 속에 차별이나 편견이 숨어 있다면 어떻게 해야 할까요? 우리는 그것을 인정해야 할까요, 고쳐야 할까요?

구글은 스마트폰으로 찍은 사진을 인공지능으로 자동 분류를 합니다. 바닷가에서 찍은 사진인지, 강아지인지, 아들인지를 인공지능이 판단해 척척 정리해 줍니다. 그런데 인공지능이 사진 속의 흑인을 고릴라로 분류해 버린 일이 있었습니다. 물론 자동 분류 기술이 아직 완전하지 않아 생긴 실수입니다. 하지만 인공지능 소프트웨어를 만드는 사람의 편견이 알게 모르게 반영된 것은 아닌지 우려되기도 합니다.

인공지능은 결국 사람과 더 비슷한 기계를 만들어 가는 과정입니다. <u>어떤 인공지능을 만들 것인가의 문제는 곧 우리가 어떤 사람이 되고 싶어 하는지와 밀접한 관련이 있습니다.</u>

드론
Drone

사람이 타지 않고 외부에서 무선으로 조종하는 모든 비행체.

드론은 사람이 타서 조종하지 않고 외부에서 무선으로 조종하는 비행기를 말합니다. '벌이 웅웅 대는 소리'를 뜻하는 영어 단어 '드론(Drone)'에서 이름이 유래했습니다. 실제 드론을 보면 프로펠러가 빠르게 돌아가며 윙윙 소리를 내는 것이 벌과 비슷합니다.

드론은 처음에 군사 목적으로 개발되었습니다. 조종사가 없어도 위험한 임무를 수행하기 위해서였습니다. 특히 자본주의 국가와 사회주의 국가의 냉전 시대였던 1960년대 미국에서 활발히 연구되기 시작했습니다. 중동 지역의 전투 현장을 폭격할 때도 드론이 쓰였습니다.

하지만 최근에는 드론이 점차 다양한 영역에서 쓰이고 있습니다. 땅을 측량하거나 넓은 밭에 농약을 뿌리는 일도 드론이 합니다. 언론사에서 높은 곳에서 영상을 찍을 때도 드론에 카메라를 매달아 촬영합니다. 사람이 갈 수 없는 높은 곳에서 새로운 관점의 멋진 영상을 찍어 줍니다.

드론으로 택배를 보내는 연구도 활발히 하고 있습니다. 세계 최대 온라인 쇼핑몰 '아마존(Amazon)'은 드론에 택배를 실어 물건을 고객에게 보내는 기술을 개발하고 있습니다. 드론을 쓰면, 차가 막힐 걱정 없이 하늘을 날아 빠르게 택배를 갖다 줄 수 있겠네요. 세계 각국의 택배 회사들도 드론 배송을 앞다퉈 연구하는 중입니다.

한편 페이스북이나 구글은 드론을 다른 용도로 활용하려고 합니다. 드론을 하늘에 띄워 무선 인터넷에 접속할 수 있는 신호를 쏜다는 계획입니다. 우리나라는 전국 모든 곳에서 초고속 인터넷을 접속할 수 있습니다. 하지만 아직도 많은 나라에서, 특히 개발도상국에서는 여전히 인터넷을 쓸 수 없는 지역이 많습니다. 그런 나라들에 통신망을 깔려면 많은 돈이 들어갑니다.

페이스북과 구글은 그런 곳에 드론을 띄워 사람들이 인터넷에 접속하게 하려는 것입니다. 가난한 나라의 사람들이 스마트폰과 인터넷을 마음껏 쓸 수 있게 되면 삶의 질도 달라질 것입니다. 학생들은 인터넷으로 공부에 필요한 지식을 얻을 수 있겠지요. 물건을 만드는 사람들은 인터넷을 통해 다른 지역, 다른 나라에도 물건을 팔 수 있게 됩니다.

또한 드론이 인공지능을 만나면 더욱 많은 일을 할 수 있습니다. 만일 드론이 산악 지역을 비행하며 나무와 길, 등산객 등의 영상을 딥러닝으로 학습하면 어떨까요? 조난 사고가 생겼을 때 드론이 산 속을 날며 조난당한 사람을 스스로 찾아낼 수 있습니다. 무엇이 장애물인지도 스스로 판단해 비행할 수 있게 됩니다.

게다가 드론은 그 자체로 아주 재미있는 장난감이기도 합니다. 넓은 공원에 나가 드론을 하늘에 띄워 조종하면 아주 신나고 흥미진진하답니다.

하지만 드론을 쓰는 데 해결할 문제들이 있습니다. 먼저 드론에 대한 법 규정이 아직 제대로 정해지지 않았습니다. 자동차는 교통 규칙이 있기에 안전하게 운전할 수 있는 것입니다. 하지만 드론은 아직 그런 규칙이 정해지지 않았습니다. 드론을 날리다 다른 건물에 충돌할 우려도 있고, 그럴 경우 어떻게 해결해야 할지 분쟁이 일어날 수도 있습니다. 또한 드론으로 다른 사람을 멀리서 몰래 찍는 일이 있을 수도 있습니다. 이런 상황들에 대한 대비와 고민이 어서 이루어져야 할 것입니다.

로봇
Robot

자신의 기능을 발휘해 주어진 과제를 스스로 수행할 수 있는 기계나 소프트웨어.

우리가 흔히 생각하는 로봇은 주변 환경을 인지하고, 스스로 판단하며 이에 따라 행동하는 기계를 말합니다. 우리의 상상이나 공상 과학 영화 속에서 로봇은 보통 사람과 비슷한 모습을 하고 있지요. 영화 '트랜스포머'에 나오는 변신 로봇처럼 말입니다.

우리나라 대학 카이스트(KAIST)에서 만든 인간형 로봇 '휴보(Hubo)'나 일본 회사 소프트뱅크에서 만든 '페퍼(Pepper)'가 대표적입니다. 이런 로봇은 주변 환경을 살펴 장애물을 피하고, 대화하는 사람의 표정이나 말투를 살펴 감정을 짐작할 수도 있어요. 인터넷에 연결해 사람들이 궁금해하는 정보도 알려 줄 수 있지요.

하지만 로봇의 정의는 더 넓답니다. 로봇은 어떤 기능을 갖고 과제를 수행하는 기계나 소프트웨어를 말합니다. 이를테면, 큰 자동차 공장이나 반도체 공장에서는 '로봇 팔'이 커다란 기자재를 나릅니다. 전시회에서는 로봇이 돌아다니며 관람객을 안내하기도 합니다. 우리가 집에서 사용하는 둥그렇게 생긴 '로봇 청소기'도 일종의 로봇입니다.

그리고 우리 눈에 보이지 않는 로봇도 있습니다. 인터넷 검색 엔진은 더 좋은 검색 결과를 보여 주기 위해 새로 생긴 웹 사이트를 계속 수집합니다. 이렇게 인터넷을 돌아다니며 정보를 수집하는 소프트웨어 '크롤러(Crawler)' 역시 로봇입니다. 또한 주어진 정보를 바탕으로 자동으로 기사를 쓰는 '기자 로봇'도 있어요.

로봇은 여러 기능을 합니다. 힘들고 위험한 상황에서는 사람이 할 수 없는 일을 대신해 주기도 합니다. 또한 사람이나 동물의 모습이 되어 사람의 친구가 되어 주기도 합니다. 휴보는 2015년 미국 국방성이 개최한 재난 구조 로봇 대회에서 1등을 했습니다. 소니가 만든 강아지 모양 로봇 '아시모(Asimo)'는 실제 강아지처럼 가족들의 사랑을 받았습니다. 이 로봇이 도저히 고칠 수 없을 만큼 망가지고 나면 가족들이 로봇의 장례식을 치러 주는 일도 많았다고 합니다.

이처럼 로봇은 기능이나 정서적인 면에서 우리의 일상에 많이 가까워졌습니다. 그러나 아직 우리의 상상 속 로봇만큼 움직이고 생각하는 로봇은 없습니다. 무엇보다 로봇을 사람이나 동물처럼 자연스럽게 움직이도록 만들기가 어렵습니다.

사람은 두 살 아기라도 두 발로 걷고, 조금만 자라면 손으로 복잡한 물건을 조작합니다. 하지만 아무리 첨단 로봇이라도 아직은 한 번 넘어지면 다시 일어서기가 어렵습니다. 사람처럼 물건을 다루며 일하는 것도 아직 멀었고요.

　인공지능은 하루가 다르게 발전하고 있지만, 인공지능의 기계 몸은 아직 성과가 크다고 할 수 없습니다. 하지만 인공지능이 우리의 예상보다 훨씬 빠르게 성능이 좋아졌듯이, 로봇도 곧 한계를 극복하고 우리 앞에 현실로 다가오지 않을까요?

로봇과 사람, 일자리의 미래

현재 미국에서 가장 많은 사람이 종사하는 직업은 무엇일까요? 바로 트럭 운전사입니다. 많은 사람들이 넓은 미국의 도로를 오가며 제품과 물자를 실어 나르는 일을 하죠. 트럭 운전사는 2014년 기준으로, 미국 50개 주 중 29개 주에서 가장 많은 사람이 가진 직업입니다. 미국에는 트럭 기사가 350만 명이고, 정비나 숙박 등 트럭 관련 분야에서 일하는 사람도 870만 명이나 됩니다.

1970년대 말이나 80년대 초까지 미국에서 가장 흔한 직업은 바로 비서였습니다. 그러다가 1980년대 말에 이르러 트럭 운전사가 더 많아진 것이죠. 비서의 일자리가 줄어든 시기는 컴퓨터가 보급되던 시기와 일치합니다. 사무실에 개인용 컴퓨터와 업무용 소프트웨어가 들어오면서, 타자를 치고 서류를 정리하던 비서의 일은 줄어들었습니다. 반면 아직 컴퓨터가 대신할 수 없는 운전은 가장 많은 사람이 가진 직업으로 자리 잡았습니다.

하지만 이제 운전이라는 직업의 미래도 불투명합니다. 자율주행 자동차 연구가 빠르게 발전하고 있어서입니다. 구글이나 네이버 같은 인터넷 회사, 세계적인 자동차 회사 등이 모두 자율주행 자동차를 개발하는 데 적극적입니다. 2020년에는 완전한 자율주행 자동차들이 거리를 다닐 거라고 예측하기도 합니다. 자율주행 트럭도 시험 운행을 했습니다.

이처럼 인공지능과 로봇 때문에 오늘날 직업 중 많은 수가 사라질 전망입니다. 영국 옥스퍼드대학교 연구진이 발표한 2013년 논문 〈고용의 미래〉에 따르면 텔레마케터와 사서, 부동산 중개인, 보험 관련 직업들이 인공지능에 대체되어 없어질 가능성이 높다고 합니다. 회계사, 은행원도 안심하지 못합니다.

이미 인공지능으로 무장한 기자 로봇이 야구 시합 결과나 지진 경보 기사를 쓰고 있습니다. 로봇이 쓴 기사는 사람이 쓴 기사와 별반 차이가 없습니다. 병원에서는 미국 IT 기업 IBM의 인공지능 '왓슨'이 암 환자를 진단하고 치료법을 추천해 줍니다. 컴퓨터가 할 수 없는 '인간의 일'은 점점 줄어들고 있습니다. 오늘날 우리가 '안정적이고 좋은 직업'이라고 생각하는 일들도 인공지능에 대체될 가능성이 큽니다.

이와 같은 흐름을 보아, 앞으로 어린이 친구들이 사회에 나갈 즈음에는 일자리를 구하기 힘들어지지 않을까 하는 생각이 들 수 있습니다. 다보스 세계 경제 포럼이란 행사에서 발표된 〈직업의 미래〉 보고서를 살펴보면 세계 주요 국가에서 500만 개의 일자리가 사라질 거라고 합니다. 인공지능과 3D 프린터, 로봇의 발달 때문입니다. 특히 사무직 일자리가 700만 개 사라진다고 해요.

그럼 우리는 미래를 위해 어떤 준비를 해야 할까요? 인공지능과 로봇이 우리보다 더 잘하는 일을 할 것이 아니라 <u>우리가 인공지능과 로봇을 활용해 할 수 있는 일을 찾아야겠죠.</u> 예를 들어, 앞으로 우리는 인공지능 번역을 이용해 외국어로 쓰인 책을 더 쉽게 읽을 수 있게 됩니다. 그렇게 얻은 지식으로 우리는 더 많은 일을 할 수 있게 되겠지요. 지금은 혼자서 할 수 없는 일들을 앞으로는 인공지능을 활용해 혼자서도 충분히 할 수 있게 됩니다. <u>인공지능의 도움을 받아 사람들이 해낼 수 있는 일들은 지금까지와는 비교할 수 없게 늘어납니다.</u>

그러려면 컴퓨팅 사고와 소프트웨어 능력이 더욱 필요합니다. 지금도 영어를 익히면 전 세계의 더 많은 정보를 접할 수 있듯이, 컴퓨터의 언어를 배우면 더 많은 일을 할 수 있게 됩니다. 그렇기 때문에 오늘날 우리가 영어를 배우듯이, 또 워드프로세서와 엑셀을 배우듯이 컴퓨팅 사고와 코드를 배우면 앞으로의 일자리에도 큰 도움이 될 것입니다.

반면 이렇게 미래를 준비하지 못해 일자리를 빼앗기는 사람이 크게 늘어날 거라는 우려도 나옵니다. 인공지능을 활용하는 소수의 상류층과 대기업은 더욱 편해지지만, 인공지능으로 인해 일자리를 잃은 나머지 대다수 사람들은 더욱 힘들어질 것이기 때문입니다.

두뇌-컴퓨터 인터페이스
Brain-Computer Interface, BCI

사람의 뇌와 컴퓨터를 연결해 서로 정보를 주고받을 수 있게 하는 기술.

혹시 컴퓨터 키보드로 글을 쓰다가 답답함을 느껴 본 적이 있나요? 숙제가 잘되지 않을 때는 머릿속 생각을 그대로 컴퓨터가 읽어 자동으로 글을 써 줬으면 좋겠다는 생각도 합니다. 왠지 꿈같은 이야기지만 이것이 현실이 될지도 모릅니다. 사람의 뇌와 컴퓨터가 직접 소통하는 기술이 점점 발전하고 있기 때문입니다. 이러한 기술을 '두뇌-컴퓨터 인터페이스(Brain-Computer Interface, BCI)'라고 합니다. 사람의 뇌와 컴퓨터가 대화하는 '접점(Interface)'에 대한 연구라는 뜻입니다.

이 기술로는 예를 들어, 사람의 뇌파를 측정하고 신호를 해석해서 생각만으로 컴퓨터를 쓸 수 있습니다. 또 로봇 팔을 조작할 수도 있습니다. '팔을 뻗어 물컵을 들고 싶다'는 생각을 하면, 그 생각이 일으키는 뇌파를 읽어 들여 로봇 팔이 움직이는 것입니다. 이 기술은 사고나 장애로 보거나 들을 수 없는 사람들, 혹은 팔다리를 움직이지 못하는 사람들에게 도움이 될 것으로 기대됩니다. 이런 놀라운 기술이 어떻게 생겨났을까요?

1929년 독일의 정신과 의사 한스 버거(Hans Berger)는 인간의 뇌에 전류 현상이 있다는 것을 발견합니다. 즉 '뇌파'를 발견한 것이죠. 뇌파는 사람 뇌의 활동을 반영합니다. 우리가 깨어 있을 때와 잠들어 있을 때 뇌파가 다릅니다. 뇌에 이상이 있다면 특이한 뇌파가 나오기도 합니다. 그러나 이러한 뇌파만으로 인간의 감정과 생각을 정확히 알 수 있을지는 미지수입니다.

하지만 그 후 뇌의 비밀을 풀려는 연구는 계속 이어져 왔습니다. 맨 처음 뇌와 컴퓨터를 연결하려는 연구는 1970년대에 시작되었습니다. 미국 로스앤젤리스 캘리포니아주립대학교(UCLA)에서 국립과학재단(NSF)의 지원을 받아 진행되었지요.

먼저 뇌에 전극을 심은 고양이에게 동영상을 보여 줍니다. 그 고양이 뇌에서 일어난 뇌파를 해석해서, 고양이가 본 것을 재구성하는 연구가 이뤄졌습니다. 바퀴벌레에게 작은 전극을 심어 바퀴벌레를 원하는 방향으로 움직이게 하는 데도 성공했습니다. 2014년 브라질 월드컵 개막전에서는 하반신이 마비된 사람이 다리 모양의 로봇에 타고 시축을 하기도 했습니다.

이 기술은 지금까지는 주로 장애를 극복하는 방법으로 많이 연구되었습니다. 그런데 앞으로는 뇌의 능력을 최대한 높이기 위해 쓰일 수도 있습니다. 전기차 회사 테슬라(Tesla)의 엘런 머스크(Elon Musk) 사장은 최근 뇌와 컴퓨터 사이 통신 기술을 연구하는 회사를 세웠습니다. 뇌에 전기 그물망이라는 특수한 전극을 붙여 사람의 생각을 컴퓨터에 보내거나 컴퓨터에 담긴 정보를 사람의 뇌로 옮기게 하는 것이 목표입니다. 앞으로 인공지능과 경쟁하려면 사람도 많은 정보를 활용할 수 있어야 하므로, 이러한 기술을 추진하는 것이지요.

페이스북은 뇌파를 인식해 1분에 100단어를 컴퓨터에 입력하는 기술을 개발하고 있습니다. 이것은 손으로 문자를 입력하는 것보다 5배나 빠른 속도입니다. 이렇게 되면 키보드나 마우스 없이 생각만으로 기기를 다룰 수 있게 됩니다.

그런데 뇌와 컴퓨터를 연결하려면 뇌파를 감지하는 전극을 머리에 붙이거나, 때로는 두개골을 열어 뇌에 붙이게 됩니다. 이렇게 뇌에 직접 심으면 뇌파의 신호를 더 정확하게 잡을 수 있지만 뇌에 문제를 일으킬 수도 있습니다. 머리 겉에 붙이면 간편하지만 신호가 약해지는 것이 문제입니다.

이 기술의 발전은 우리에게 많은 장단점을 안겨 줄 것입니다. 그런데 우리는 아직 뇌에 대해 모르는 것이 너무 많습니다. 하지만 언젠가 뇌와 컴퓨터를 연결하는 간편한 방법이 나올지 모릅니다. 그때 우리는 생각만으로 컴퓨터에 숙제를 입력하거나, 나의 생각을 다른 사람에게 직접 전달해 줄 수 있을지도 모른답니다.

컴퓨터 비전
Computer Vision

컴퓨터가 영상이나 이미지를 보고 상황을 이해하며 적절한 판단과 행동을 할 수 있도록 하는 기술 분야.

우리가 쓰는 스마트폰에는 모두 카메라가 달려 있습니다. 스마트폰은 카메라는 눈을 가진 작은 컴퓨터인 셈입니다. 우리는 수시로 스마트폰을 들어 가족과 친구의 사진을 찍고, 주변 환경을 촬영합니다.

또 요즘에는 건물이나 거리에 달린 폐쇄회로 TV(CCTV)도 대부분 전산망에 연결되어 컴퓨터에서 관리합니다. 즉 컴퓨터가 CCTV라는 여러 개의 눈을 가지고 세상을 바라보는 셈입니다.

하지만 보통 카메라는 세상을 촬영할 뿐이고, 그 안에 담긴 것이 무엇인지 컴퓨터는 알지 못합니다. 사람은 눈으로 본 것을 뇌에 받아들여 그 정보를 판단할 수 있지만, 컴퓨터는 못하지요. 컴퓨터 비전은 이러한 점 때문에 생겨난 컴퓨터 과학 분야입니다.

영어 단어 '비전(Vision)'은 시야 혹은 시력이라는 뜻입니다. 컴퓨터 비전은 컴퓨터가 카메라로 바라보는 세상을 스스로 이해하고 판단할 수 있게 하는 것을 목표로 합니다. 컴퓨터가 사진이나 영상 안의 물체나 사람을 인식하고, 상황에 따라 스스로 적절한 조치를 한다면 어떨까요?

만일 컴퓨터가 이미지나 영상을 보고 그것이 무엇인지, 어떤 상황인지 판단하려면 인공지능의 도움이 필요합니다. 때문에 컴퓨터 비전은 인공지능의 가장 중요한 연구 분야로 떠오르고 있습니다.

컴퓨터가 이미지를 보고 그에 관해 스스로 판단을 내릴 수 있다면 세상은 엄청나게 달라질 것입니다. 자율주행 자동차에는 카메라가 여러 개 달려 있는데요. 자동차에 장착된 컴퓨터가 카메라로 도로 위에 떨어진 물건을 보고 차를 세워야 할 위험한 물건인지 그냥 지나가도 괜찮은 평범한 물건인지를 판단할 수 있다면 어떨까요? 아마 훨씬 안전하고 편안하게 운행할 수 있을 것입니다.

카메라에 찍힌 흐릿한 영상을 보고 그걸 주변 환경과 영상 데이터 분석을 통해 또렷한 영상으로 되살릴 수 있다면 어떨까요? 아마 어두운 곳에서 범죄를 저지른 사람도 쉽게 잡을 수 있을 겁니다.

공사장에서 인공지능 컴퓨터 비전을 적용하면 어떻게 될까요? 작업 현장을 촬영한 CCTV 영상을 보고 작업자들의 위치나 장비와 공구는 제자리에 놓여 있는지 등을 인공지능이 판단할 수 있습니다. 만약 어떤 장비가 위험한 위치에 있다거나, 직원이 아닌 사람이 현장에 있다면 인공지능이 위험을 감지해 경고를 보낼 수도 있습니다.

만일 인공지능이 골목마다 설치된 CCTV로 도시를 늘 지켜보면 어떨까요? 도로에 사고가 나면 영상을 분석해 바로 경찰차나 구급차를 보낼 수도 있습니다. 그러나 이러한 기술이 사생활에 대한 지나친 감시로 이어질 우려도 있습니다. 그렇기 때문에 이에 대한 대책을 만드는 것도 반드시 필요합니다.

**어린이를 위한
디지털 과학 용어 사전**

초판 1쇄 발행 2017년 8월 31일
초판 3쇄 발행 2018년 12월 20일

지은이 한세희
그린이 박선하
펴낸이 이지은　**펴낸곳** 팜파스
기획편집 박선희
디자인 조성미　**마케팅** 정우룡
인쇄 (주)미광원색사

출판등록 2002년 12월 30일 제 10-2536호
주소 서울특별시 마포구 어울마당로5길 18 팜파스빌딩 2층
대표전화 02-335-3681 　**팩스** 02-335-3743
홈페이지 www.pampasbook.com | blog.naver.com/pampasbook
이메일 pampas@pampasbook.com

값 13,000원
ISBN 979-11-7026-173-5 (73500)

ⓒ 2017, 한세희

· 이 책의 일부 내용을 인용하거나 발췌하려면 반드시 저작권자의 동의를 얻어야 합니다.
· 잘못된 책은 바꿔 드립니다.

이 도서의 국립중앙도서관 출판시도서목록(CIP)은 서지정보유통지원시스템 홈페이지
(http://seoji.nl.go.kr)와 국가자료공동목록시스템(http://www.nl.go.kr/kolisnet)에서
이용하실 수 있습니다.(CIP제어번호: CIP2017018652)

교과목 공부가 되고 세상의 눈을 키우는 상식도 쌓아주는
사회과학 동화 시리즈

공부가 되고 상식이 되는! 시리즈 ❶
어린이 생활 속 법 탐험이 시작되다!
신 나는 법 공부!
장보람 지음, 박선하 그림 | 168면 | 값 11,000원

변호사 선생님이 들려주는 흥미진진한 법 지식과 리걸 마인드 키우기!
이 책은 어린이 친구들에게 법률 지식은 물론 실생활에서 일어나는 크고 작은 사건들을 통해 법적 시야를 길러준다. 흥미로운 생활 이야기를 통해 어린이 친구들이 법적 추리, 논리를 배우고 꼭 필요한 시사상식을 알 수 있게 한다. 현직 변호사 선생님이 직접 동화와 정보를 집필하여 어린이 친구들에게 자연스럽게 리걸 마인드(legal mind)를 키워낼 수 있도록 돕고 있다. 생활에 필요한 법 지식을 배우게 되어, 법치 질서가 중요해지는 미래 사회의 인재로 자라나게끔 이끌어준다.

공부가 되고 상식이 되는! 시리즈 ❷
동화로 보는 착한 소비의 모든 것!
미래를 살리는 착한 소비 이야기
한화주 지음, 박선하 그림 | 148면 | 값 11,000원

친환경 농산물, 동네 가게와 지역 경제, 대량생산vs동물복지, 저가상품vs공정상품
이 책은 어린이 친구들에게 현대 사회의 중요 행동인 "소비"를 통해 사회 활동과 경제 활동에 대한 이해를 높이며, 현명한 소비 생활에 대해 생각거리를 던져 주는 동화책이다. 왜 싼 제품을 사면 지구 건너, 혹은 이웃 나라의 아이들이 더 고생하게 되는지, 왜 동네 가게 주인아저씨의 걱정이 대형마트와 관련이 있는지, 어린이 친구 눈에는 잘 이해되지 않는 소비에 관한 진실과 흐름을 들려준다. 세상은 더 연결되어 있고, 나의 작은 소비가 어떤 영향력을 가지는지를 알려준다. 어린이 친구들에게 '소비'라는 사회 행위에 담긴 윤리성과 생각거리를 일깨워 주고 다양한 쟁점에 대해 이야기해 보도록 제안한다.

공부가 되고 상식이 되는! 시리즈 ❸
똑똑한 경제 습관과 금융 IQ를 길러 주는 어린이 금융경제 교육
적금은 뭐고 펀드는 뭐야?
김경선 지음, 박선하 그림 | 120면 | 값 11,000원

동화로 보는 어린이 금융경제 교육의 모든 것!
이 책은 어린이 친구들을 유혹하는 다양한 금융 서비스와 환경에 대해 제대로 살펴보고, 실생활에서 꼭 필요한 금융경제 지식에 대해 알려준다. 이미 선진국에서는 의무교육화된 '어린이 금융경제교육'의 필수 내용을 재미있는 동화로 풀어내고 있다. 어려워 보이는 금융 용어에 대해 이야기로 살펴보며, 경각심을 지켜야 할 부분에 대해 방점을 찍어준다. 금융의 책임감과 편견에 대해서도 바로잡아주며, 경제에 대한 균형 잡힌 시각을 키워주는 책이다.

교과목 공부가 되고 세상의 눈을 키우는 상식도 쌓아주는
사회과학 동화 시리즈

공부가 되고 상식이 되는! 시리즈 ④

우리가 소셜 미디어를 하면서 반드시 알고 지켜야 할 것들의 모든 것!

미래를 이끄는 어린이를 위한 소셜 미디어 이야기

한현주 지음, 박선하 그림 | 152면 | 값 11,000원

1인 미디어, 실시간 정보검색, 온라인 인간관계 길잡이, 올바른 SNS 사용규칙

이 책은 소셜 미디어 시대를 살아가는 어린이들에게 다양한 디지털 기기(스마트폰, 컴퓨터, 미니패드 등)를 통해 접하는 'SNS 서비스가 나에게 어떤 영향을 끼치는지' 재미있는 동화를 통해 깨달아간다. 더 나아가 익명성, 사생활 침해, SNS 중독 같은 사이버 문제를 해결하고 지켜야 할 윤리, 규칙에 대해서도 가르쳐준다. 소셜 미디어와 디지털 기기의 특성을 하나하나 살펴보며 온오프의 균형 감각을 가지고 슬기롭게 생활하는 방법을 일깨워준다. 바야흐로 미래의 주인으로 성장할 어린이 친구들에게 꼭 필요한 SNS 길잡이다.

공부가 되고 상식이 되는! 시리즈 ⑤

동화로 보는 SW교육, 사물인터넷, 인공지능 로봇, 로봇 세상의 생활과 진로!

어린이를 위한 인공지능과 4차 산업혁명 이야기

김상현 지음, 박선하 그림 | 163면 | 값 12,000원

과학 기술과 데이터, 로봇과 공존하는 인공지능 시대를 살아갈 어린이 친구들을 위한 과학 동화

이 책은 인공지능 기계와 함께하는 미래에 대해 쉽고 재미있게 알려주며, 정보통신 기술이 가져온 4차 산업혁명에 대해 살펴보는 과학 동화책이다. SW 교육, 사물인터넷, 인공지능, 로봇 세상의 일자리 등 한 번쯤 들어는 봤지만, 구체적으로 무슨 내용인지는 모르는 디지털과학의 영역을 동화로 흥미롭게 살펴본다. 어린이 친구들은 기계와 다른 인간의 고유한 가치와 영역에 대해 자연스럽게 깨닫고, 미래에 필요한 창의적 사고력, 컴퓨팅 사고력을 키우게 될 것이다. 또한 미래 사회의 주역으로 성장할 어린이 친구들에게 필요한 소양과 가치 판단에 대한 생각거리를 던져주고, 토론 주제도 이야기한다.

공부가 되고 상식이 되는! 시리즈 ⑥

동화로 보는 '4차 산업혁명 시대'에 따뜻한 기술이 가져오는 행복한 미래와 재미난 공학!

어린이를 위한 따뜻한 과학, 적정기술

이아연 지음, 박선하 그림 | 162면 | 값 12,000원

첨단 시대를 살아가는 어린이들에게 과학적 소양과 인문적 소양을 동시에 높이다!

이 책은 동화를 통해, 인간을 이롭게 도우려 탄생한 '기술'에 '나와 이웃' 그리고 '환경, 디자인, 미래'에 대한 인문적 시각을 담은 '적정 기술'을 알려준다. 동화를 토대로 적정 기술의 다채로운 면을 소개하기 때문에, 어린이 친구들이 효과적으로 이해하고 재미있게 받아들일 수 있다. 과학 기술이 발전할수록 오히려 소외되는 이들이 있음을 이야기하며, 과학 기술을 배우는 어린이 친구들에게 '인문적 고민'에 대해 알려주는 생각동화책이다. 4차 산업혁명의 시대에 우리에게 드리운 '빛과 그림자'에 대한 토론거리도 던져 주며, 그 대안이 될 과학 기술인 '적정 기술'에 대해 재미있게 배워볼 수 있을 것이다.